出版说明

本书由周希武先生撰写于民国初年，1920年由商务印书馆铅印出版，后未见再版。我社1986年出版了著名藏学专家吴均先生的校释本，今已逾三十年。作为第一手的调查资料，周氏原书的史料价值自不待言，吴均先生的"校释"亦有很高的学术价值，但校释本已于书肆难觅。本次出版，我们仍以校释本为底本，参校国家图书馆馆藏1920年商务本，对校释本中的若干讹误、脱略作了订正、补充；个别字词的写法，尤其地名中的异体字，为保留文献原貌，皆未作更动。至于编校过程中的疏漏，则是编辑的责任，恳请读者批评指正。由于时代局限，著者的思想存在一定偏见，用词亦有若干贬称，吴均先生在《绪言》中业已指出。出于保存文献原貌的考虑，我们未作改订，敬希读者明鉴。

周氏原书附有两张地图及若干照片，系著者一行考察途中绘制拍摄，直观地反映了玉树的地理形势和当时的风土民情，弥足珍贵，校释本中所附，现已模糊不清，不堪使用。蒙国家图书馆慨然相助，提供《玉树二十五族简明图》《玉树在青海之位置》二图及全部照片扫描件，作为此版《玉树调查记》的插页，谨表谢忱。

青海人民出版社
2022年8月

西宁塔尔寺之摄影

※ 本书使用图片均为中国国家图书馆藏品

多克察尤山之撮影

過黃河時之攝影

巴顏哈拉山

竹節寺

竹節寺眾僧

拉布寺

通天河之渡口

通天河濱駐紮之攝影

通天河皮筏之攝影

結古莊并寺之攝影

結古忠武橋之攝影

番族湯役攝影之一

番商集會之攝影

結古新婚夫婦之攝影

番童元旦歌舞攝影之二

結古寺僧賽神攝影之三

結古水上游之橋梁

纏谷寺僧賽神攝影之一

纏谷寺僧賽神撮影之二

纏谷寺僧賽神撮影之三

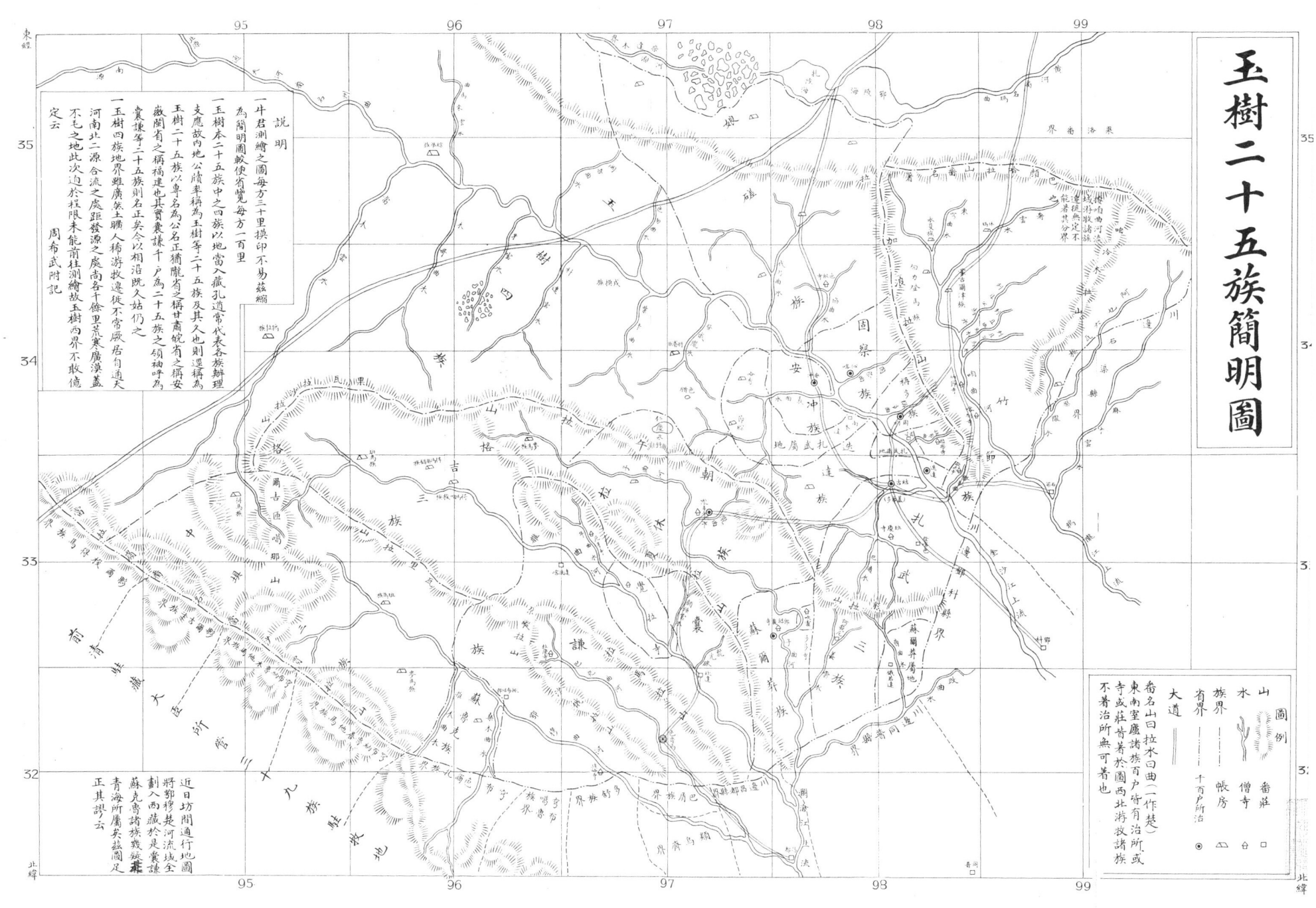

玉樹在青海之位置

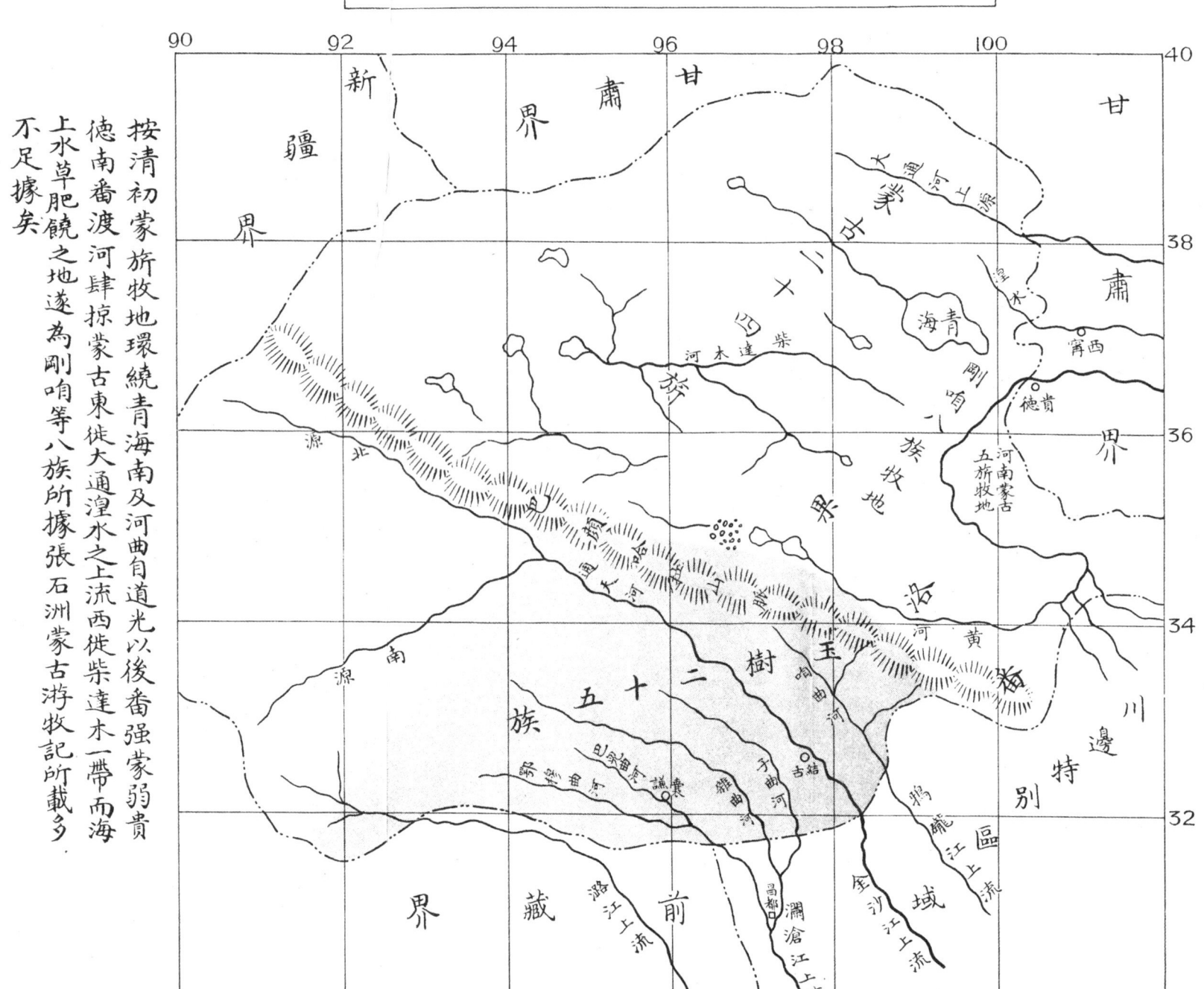

按清初蒙旂牧地環繞青海南及河曲自道光以後番強蒙弱貴德南番渡河肆掠蒙古東徙大通湟水之上流西徙柴達木一帶而海上水草肥饒之地遂為剛咱等八族所據張石洲蒙古游牧記所載多不足據矣

绪言

玉树位于青藏高原的中枢,居江河之源,雪峰耸峙,草原广袤。在藏族三大区域划分中,玉树虽属于多康(朵甘思)地区,但由于适居康、藏、安多三大区的中心,为西上卫藏,东下康区,北上安多的通衢。同时地理环境亦给这个地区提供了成为军事、政治和文化重镇的条件,是青藏高原的古代文化——南部的卡若文化与北部的卡约文化交会之区。

根据汉藏文的记载,公元前后,玉树为发羌、唐旄等部居住地区。当六世纪以后,西藏山南雅垅地区的六牦牛部鹘提悉补野开始统一活动于青藏高原的诸羌及其他部族,而在这段时间中,活动于玉树地区的则有多弥(亦号难磨)、苏毗(亦号孙波)。吐蕃统一青藏高原后,玉树属于吐蕃的孙波翼（སུམ་པ་རུ།），居民除西部的苏毗、北部的多弥外，南部则有贝嘉德十二部（སྦས་རྒྱ་སྡེ་བཅུ་གཉིས།）。而在吐蕃的军事设置中，玉树则被列为以贝嘉德十二部为主力的中勇部（军区），担负南攻南诏，东下洮湟河陇之责任。贝氏为吐蕃大贵族，系吐蕃政府中枢"三论一尚"议会中成员，由这样重要人员坐镇玉树，则其地理形势对吐蕃之重要性，可见一斑，而玉树居民苏毗等成为组成吐蕃军队的主要人员，与吐蕃王国相始终。

吐蕃王国在奴隶大起义中崩溃后，玉树地区处于地方割据势力互争之下。据《巴绒金鬘论》记载，约在十二世纪时，曾担任过内地中央政府内大相（内务官员）的珠氏家族的吉普科洛桑布（སྒྲུ་ཕྱུད་འཁོར་བཟང་པོ།）的后代哲哇阿洛率领部属自四川甘孜藏族自治州康定折多山一带进入玉树南部，以其王父曾任内大相，遂以其官衔作为自己部落之名——昂欠（ནང་ཆེན།），逐步扩大其势力于玉树全境。哲哇阿洛迁入玉树地区之时正值藏族社会发展进入新的转折点的时期。藏传佛教于后弘期中形成的各教派竞争激烈，各地区大小割据势力为了保持其特权，都寻求不同的渠道，或与各教派结成政教合一统治体制，或与各教派结成相互依存的关系——其实质也是政教合一的另一种形态。藏族历史的发展，有其特殊的规律，但这种历史发展的唯一特点是始终内向的，与祖国历史发展息息相关，相互依存，始终是与祖国的命运联系在一起的，汉藏间"黄金桥"（རྒྱ་བོད་གསེར་ཟམ།）思想植根于藏族人民的内心深处。所以约在宋孝宗淳熙二年（公元一一七五年），昂欠哲哇阿洛与巴绒噶举派的僧人勒巴噶布相互结合后，即去四川黎州（今汉源），归附南宋政府，请求赐封、颁发管理领地文书及准许在昂欠修建佛寺。经黎州官员上报，南宋任命哲哇阿洛为昂欠土官，颁发管理领地的文书执照及敕建昂欠根蚌寺。这是中央政府在青海南部地区施政的开始，以后的元、明、清朝都相继在此基础上设官施政。

元、明时代的玉树，除中央政府颁发的印信等文物尚存之外，没有详细的记载，有清一代，虽经川、陕、藏三方派员勘定界址，建立卡伦，加强管理，并规定各部落千百户的任命制度，颁发番例，制定差徭赋役等等，但关于玉树地区的记载，除《西宁府新志》《卫藏通志》《西藏图考》《西藏记》等有简略的叙述外，其他参考资料亦只是曹抡彬编《雅州府志》中所收的《夷律》而已，殊难与清初大一统国家发展形势相适应。而周希武先生的《玉树调查记》补上了这一空缺。

周希武先生（一八八五——一九二八），字子扬，甘肃天水人。他生于贫农家庭，自幼颖悟异常，艰苦励学，所读辄过目不忘，十五岁时即以优异成绩入庠。天水为陇上人才辈出之地，时乡先生张宜生文章德操，为时所重。他即徒步橐笔，赴张先生工作的陕西渭南及西安等地，向其求教，并与关中名士牛梦洲等相互切磋，过从甚密。一九〇六年至一九〇八年之间，又就读于兰州甘肃书院，为江南名士毛实君所器重。他益博涉群书，钻研文史，以经世致用自励，向往顾炎武《天下郡国利病书》，名他读书之屋为"仪顾堂"。自一九一〇年起，他投身于甘肃教育界，先后任兰州中学教师及设在武威的甘肃第四中学校长，教授学生务实求是，为爱国志士李叔简所器重，深获教益。他在兰州、武威期间，常于报上发表文章，因而和湖南湘潭黎丹结为挚友。黎精通汉藏文字之学，究心边疆史地，乃留心边疆事务的有志之士，周氏与黎的结识，对其此后的学术研究与工作方向，颇有影响。

一九一四年，川、甘互争玉树，周氏慷慨上书于甘肃当局，援引图史，痛陈利弊，被聘为勘界大员周务学的随员。"逾积石，绝河源，渡昆仑山，涉金沙江"，与洮阳牛载坤合作，牛"冲寒冒险"，遍历澜沧江源及通天河中下游一带，进行测量，制成我国第一张用新法绘制的玉树地区简图，而周氏则"访问长老，参考图志"，不仅提出陇蜀互争一地之不当，更痛心当时官僚之腐败。他乃深入考察玉树山川风俗、形势要隘、疾苦利病，并参考旧时档案，以类排比，写出了这部《玉树调查记》。全书分上下两卷，附《宁海纪行》一卷。一九一九年，由上海商务印书馆印行。

《玉树调查记》写作的目的，在于澄清民初川、甘两省互争玉树地区的基本历史事实。当时，川、甘两省各以自己所译的汉文名称，作为玉树归属的理由，而袁世凯政府颟顸无识，竟然作出"隆庆"归川，"玉树"归甘的荒唐决定。周氏于其书中对玉树地区的翔实论述，为人们认识玉树提供了珍贵之参考。但其主要精神则在于以此驳斥当时北京政府在外交上准备承认玉树地区为"外藏"的阴谋。他北望昆仑，南顾当拉，痛外事之不振，忧国事之纷扰，他大声疾呼，特别强调玉树地区的战略地位，指出：

"玉树不保，势将北扰蒙古，祸必中于湟中；东煽果洛，患且及于洮岷，吾甘来日其旰食乎！今国家纵不能图藏，岂可坐令玉树为之资也！"（《自序》）

"童骏无识，被人傀儡，终且伥虎教猱，猞糠及米，况二十五族与彼壤地毗连，又同种同教哉！"（《自序》）

他痛心军阀混战，直斥：

"而世之君子，方且竞争权利于中区蹄涔之中，坐视百余万方里之陆海榛莽际天，以待他族之开辟！此希武与牛君所为读《山有枢》篇而相视流涕者也！"（《自序》）

他提出建立"宁海特别区域"，积极经营西宁附近，逐渐拓殖，以及玉树。他说：

"倘兵屯既列，亭障相联，道路无虞，来往玉树者渐多，然后以兵保商，以商兴屯，以屯足食，而瘠陲可化为沃壤。玉树之植基既固，即可联络川边，以为制藏之计。"（《自序》）这在当时的具体条件下，有巩固国防的积极意义。

周氏自玉树回来后，由于周务学及黎丹的推荐，被当时青海蒙番宣慰使马麒聘为佐幕。一九一九年九月北京政府外交部发出有名的歌电，以向各有关省、区征求意见为名，公布了"西姆拉会议"的一部分交涉内容，以及要划分的所谓"内藏""外藏"的事实真相。歌电引起国内强烈反对，四川、云南、甘肃、青海等地纷纷通电谴责。这次青海反对歌电的通电，虽由马麒署名，但实际则是周氏及黎丹、李乃棻等动员马麒，奋起抗争的结果。由他们三人共同草出传诵一时的反对划分内外藏的电文，痛陈：

"查当拉岭即唐古特大山，番名沙马拉，西起新、青、藏之交，东迤至昌都杂楚、鄂穆楚两河之交而止，绵亘千余里，近来舆图，多以此为青海、西藏之天然界线，其实青海所辖玉树二十五族之巴彦昂欠、苏鲁克等土司，其地尚有错出岭南，在鄂穆楚河及索克河各流域者。今以当拉岭为青藏界线，失地已属不少，况云当拉岭北！未审以何处为止境？至于'昆仑'二字，尤属含混！查昆仑老干，即新疆南部之托古兹达坂，由是东迤，横贯青海中部，绵亘二千余里，为江源、河源之分水岭。所谓巴颜哈拉山者，亦有'中昆仑'之名，歌电所谓昆仑，是否即此？如果即此，而尽为'内藏'，不驻兵，不设官，是举青海大半部，玉树二十五族，纵横数千里之地，一朝而弃其主权！始虽为瓯脱，终必被人占领！较之前清时代，抛弃黑龙江以北与乌苏里江以东者，其损失之大，有过之无不及。且所谓德格以西等处，划为'外藏'云者，其辞亦无限制。查德格西北，即邓柯、石渠，自此以西，即青海所辖之玉树二十五族也。该二十五族之境域，正当昆仑以南，当拉以北，德格以西，周特派员前勘玉树界务所绘地图，犹可复按。今既议划昆仑南、当拉北为'内藏'，又议划德格以西为'外藏'，同一地方，究以何处为'内藏'，何处为'外藏'耶？"

毫不掩饰地直斥：

"其故总由前袁大总统派员与英使会议时，未尝详细考查青海地理，亦未尝电知甘督，征求意见，遂至成此巨谬！若果以此议结，与将青海全部划归西藏之初议，相去几何？此次继续开议，不闻根据地理与英使力争，以追正前失，乃谓英使大有让步！果系展转传讹，尚未觉察耶？抑谓青海地势，无关轻重耶？"

严正指出：

"年来藏人虽攻陷川边十余县，而兵力尚未能越当拉岭北,今川边划界,已为奇耻,乃欲并甘肃素所管辖,藏兵力所未及之地,割以奉之,蹙地千里,辱国已甚!"

指出:

"西藏固中国之领土,今日虽不得已而与之划界,然异日国力发达,仍当进军拉萨,以恢复原有之主权。……不独青藏界线,应请照前清《会典》旧图为准,即川边与西藏亦各有定界,岂可轻事变更!"

痛陈:

"总而言之,西藏本中国属土,年来与川边构怨,譬犹兄弟阋墙,自应由兄弟解决,万不能任他人从旁干预。吾国苟有一息生气,所有划界会议,应从根本否认。此约一签,终古难复,大好江山,一笔断送!"

这封电文通篇主旨,一仍周氏在《玉树调查记》中反复强调的主张,爱国爱边的思想,跃于纸上,而今仍虎虎有生气。马麒因系守土官吏,不过仗周氏等卓识远见,依而出名而已。

一九二五年,周氏曾北览长城,南游江浙湘赣,住京二年,与梁启超先生交往甚殷。周氏生平坚苦卓绝,刚健自恃,因而遭地方某些恶势力之忌。一九二八年,河湟事变,陇上政局变幻莫测。这年五月间,周氏与青海政治活动家朱绣等赴兰州奔走和平,行至乐都老鸦峡,护送部队宣称哗变,周氏与朱绣竟及于难,时年四十有四。

周氏治学严谨,著作甚富,除《玉树调查记》由商务印书馆出版,诗词《榆枋游草》于二十年代印行外,其他遗著尚有《仪顾堂文存》《汉书地理志》《甘肃水道图记》《甘肃民族志》《青海志经解》等十余种，均未及刊行，惜于十年动乱中都付之一炬。

《玉树调查记》为周氏发愤有为之作，企图"以为经略青海之嚆矢，并以质世之留心边事者"。书中对劳苦人民的疾苦，深表同情，对自清以来之乌拉、沙薮等虐民苛政，封建统治者敲骨吸髓的剥削，以简洁笔墨尽情予以揭露，这些调查所得，为研究青海藏族史者提供了极宝贵的参考资料。而其附录《宁海纪行》，则记自兰州至结古的见闻及沿途史地沿革，出版以来，誉满国内外，深受海内外藏学者的重视，为研究唐蕃交通史者依以为据的资料。

《玉树调查记》出版后，只印刷一次，未再重印，因而流传不广。一九六七年，台湾成文出版社选印的《中国方志丛书》中，有《青海省玉树县志稿》一种，署以"据不著纂修人名氏民国间手抄本"影印发行，实际就是删去了周氏《自序》及其他人序言的《玉树调查记》。就是这部《中国方志丛书》中，又发行署"据民国周希武著民国间抄本影印"的《青海省玉树调查记》，但又删去了附录《宁海纪行》。两书都没有说明这是一个人的著作的手抄本，使我们深深地感到人们对青藏高原知识之缺乏，同时也深感《中国方志丛书》编选者之粗疏。玉树地区过去既有因不识译名之歧异，而闹出一地两属的政治笑话；又有因弄不清地域方位，将一地分别划为"内藏"和"外藏"，造成受外人愚弄，腾笑于国内外之耻辱，而今又有将这部有关玉树地区的著作，率意加以不同名称，作为两种著作，分别印行之事。关于玉树地区竟有如此之多的混淆，令人深思！

本书根据一九一九年（编按：应为一九二〇年）商务本校释。由于时代的局限，著者的思想与世界观浓厚地存在着封建主义的糟粕。对采访的材料，亦缺精当的筛选，个别处尚有讹传、妄断之嫌。对于这些，我们应当予以扬弃。

本书校释时，由于商务印书馆原版出版多年，辗转借阅，字迹多漫漶不清，蒙任斌、张佑安两同志细心誊出，使校释工作得以顺利进行，特此致谢。

校释者　吴均
一九八四年十月

序一

大中华民国八年八月八日，传甲编印《京师地理志》成，陇西学者，会商分纂《甘肃省志》，得识王子天柱，并读周子希武《玉树调查记》。忆去年在西湖编《浙江志》，遇青海屯垦使蒯寿枢，抵掌西北，纵论五年前建议改行省，及江源、河源之形势，方拟句当东南事了，经营西北。今读周子书，益知玉树天产、地质、人情，如身历其境，诚大中华《青海地理志》之蓝本也。王子征序，不敢率应。伏念先祖剑秋公，从戎仕蜀，两宰盐源，所属土司，莫不畏之如神明，惟在绝贿赂耳！先君子丽生公，于役雅州以西，穷探险阻，不幸六岁失怙，不克绳武继志为憾。先妣林下老人，将门之女，有文武才，尝与河西女土司岭李氏，驰马于峻阪，发强弩以殪熊鹿，番族惊叹。传甲因母教成立，儿时即守祖父所遗《一统图》，视为吾家第一宗财产。今与王子夜谈，犹披康乾旧图，觅玉树四土司所在，先君子之手泽，犹丹黄杂于图眉。传甲儿时，因先妣以瑶池阿姆属对，即以玉树土司应之，时八比俗儒，茫然不知所谓也。今世界进化，然中国人不知中国事者极多，本省、本县之人，且不注重本省、本县之地理，何能责之万里以外之边徼乎！传甲讲学湖南，即崎岖苗疆瑶峒，教以同化，列之胶庠；服官广西，佐治藩幕，即建议收土州土县，改设流官，昔设弹压员者，今已正名县知事矣；北度龙江，以提学劝业之力，垦蒙荒而设治，凡索伦、鄂伦春，亦立专校。盖酋长政体，过于专制；封建世袭，无异君王。兹当共和进化之时，传甲笔端，遂大有扫灭土县蒙旗之势而不自知也。玉树土司，决不能永久保存，中华开青海省，则必为玉树道，中坝、格吉，皆他日之县也。我不经营之，人必经营之！英图西藏，以青海为势力范围。南北当轴，果有良心上之觉悟乎！请三复周子之书，共图拓殖之计乎！

　　　　　　　　　　　　　　闽侯林传甲序于京师双藤花馆

序二

玉树二十五族，故属甘肃。有清时，由青海办事大臣主管。民国初元，川边误为瓯脱，置吏兵焉。番族以属甘久，又困川军供给，不乐属川。两省有异议，而入告中央之文，名称互歧，政府未察而两从之，乃益纠结不可解。三年春，广建持节至陇，以甘人周观察使务学，朴质耐劳，苦习兵事，特请于中央，令赴海南，与川省官吏，会勘界务，得诺，以周君希武，明习边事，令偕行。至玉树经年，通情宣德，捐争解纷，慰劳疾苦，推询向背，咨究故实，番民遮道膜拜，吁诉愿仍隶甘。广建达其情，于是玉树仍为甘省辖境，甘与青通邮而合一。周君希武，并以其间，著《玉树调查记》二卷，《海南旅行记》一卷，于番族分合，山川形势，叙次明确。广建尝观有清一代，硕儒踵出，其著书论析西北地理者甚众，然于青海则已略至海南，玉树二十五族，私家记载，更阒然无之。盖荒落僻远，学人足迹罕至；至者又率不学，不能抉摘稽比，以供当代士夫之考证，滋足憾也！今周君以淹雅之才，躬历绝徼，周谘周度，备述闻见，翔实精核，无单词只字，向壁虚造，其用心可不谓勤乎！

夫青海为吾国神皋奥区，亘古未辟之陆海，觊国者涎之；而玉树者乃其西南菁华所萃，土腴而产富，其可欲殆又甚焉。自西藏跋扈，川边云扰，而玉树形势已孤，剥床及肤，藩篱洞撤。涓涓不塞，将成江河。广建以奉命裁青海长官，而全青直属甘肃，融合版图，无他机关歧出梗阻，因请设甘边宁海镇守使，积极规画，来增戍兵，创台站，置理事员，已次第粗举；又请设青海甘边屯垦使，冀专事垦辟，以渐收移民实边，教农固圉之效；然格于势而不得行者，十尚八九。刘榛辟途，谋尺而进寸，非徒苦于财绌兵单，亦以通晓边事之才不多觏，唱者晓音而和者希也。兹之印布此书，既以扬阐周君苦心，尤欲警起国内闳达俾共注意于边事云尔。

中华民国八年春，合肥张广建撰

自序

青海南部有囊谦等土司二十余族，皆番也。《卫藏通志》谓之阿里克等四十族。其族数今昔参差之故，具见"考证"门。其间唯玉树①四土司本蒙古部族②，游牧通天河上流，番人谓之达木③。其地当西宁入藏孔道，常代表海南各土司，支办供亿，故西宁案牍，率呼海南各土司为玉树等二十五族。及其久也，则没去等字，径呼为玉树二十五族，遂以专名为公名，正犹陇省之名甘肃耳。元之甘肃省，止有河西诸州路及宁夏额济纳等地；自洮、河、兰、会以东，皆隶陕西，而省治又在甘州，故曰甘肃等处行中书省，其名本正。明废甘肃省，并于陕西，清初因之。雍正分省时，大势以陇山为界，乃沿用元人甘肃之名，此当事者之不学也。而川边附近囊谦，目为隆庆二十五族。隆庆者，囊谦之转音也。近年，经略川边者，谓二十五族为化外之民，胁令投诚，且置戍焉，已得命于中央矣。而番民久隶西宁，不乐属川，屡诉于甘，而甘省所据以入告之文，犹然玉树二十五族也。陇蜀共争一地，而称名互岐，纷纷争执，逾年莫决，中央乃饬两省派员会勘。时合肥张勋伯上将初督甘肃，以边关道尹忠武军统领周务学，朴实耐苦，文武兼资，请特派为查勘界务大员；谓希武颇究心边事，委充随员；洮阳牛君载坤，故习测绘学，遂邀与俱行。以民国三年八月，由兰首途至西宁，取道海南小路，逾大积石山，绝河源，渡昆仑，即巴颜哈拉山，昆仑中干也。涉金沙江，朝犯瘴疠，暮逐水草，径无人之地千余里，艰苦备尝，以十一月晦抵结古。即盖古多。牛君复冲寒冒险，遍历各族，测绘地图；希武则访问长老，参考图志；真象既明，疑误冰释。周特派员乃具条两省误会之由，及番情向背之机，陇蜀控制之宜，由张勋伯上将转达中央。逾年三月，奉令玉树二十五族，准仍归甘肃西宁管理，川兵退出境外，凡驻结九阅月，界务蒇事。希武公牍余暇，辄最录所闻，并参以牛君调查所得，久之盈卷，以类排比，稍加删润，命曰《玉树调查记》，沿用讹名，取便称谓也。乃为序曰：《禹贡》"析支昆仑"，说者以为析支在河首，昆仑在今新疆和阗南，而雍州黑水，清儒谓即潞江，番人所谓哈喇乌苏者是也。扬雄《雍州牧箴》："黑水、西河，横截昆仑，邪指阊阖，画为雍垠。"今玉树二十五族在昆仑之东，黑水之北，河源之南，其为《禹贡》雍州封略所及，可断言矣。殷周盛时，"自彼氐羌，莫不来享来王"。三代以降，帝王德衰，不能及远，于是汉有西羌之祸，唐有吐蕃之患，而禹迹故壤，遂以敌国异域视之矣。唐太宗至以宗室女为公主，下嫁吐蕃，其酋迎之河源，即今娘磋④北境是也。元起朔漠，囊括亚洲，二十五族，夷为奴隶。明逐蒙古，而青海余孽，犹役属玉树⑤。清初始脱奴籍，羁縻勿绝。及其衰也，莅盟委员，视为利薮，诛求椎剥，番不胜困，而势已积弱，卒亦无敢有抗颜行者。始吐蕃盛时，北陷河陇，南没松维，以唐之强，而不能遏其狂猋；及佛教大行于吐蕃，人种日减，杀心渐弭，而犷悍忍鸷之风，亦稍稍衰矣。故以赵宋之文嬴，而吐蕃不能大为边患；明之季年，套虏跳梁海西，不闻海南有煽动之事；清之中叶，南番剽掠河北，不闻西番有响应之谋，斯非佛力去杀之明效欤！然天下之患，每伏于大利之中，彼唯不能为吾患，则亦不能禁制远夷，而为吾效保塞之助。王船山谓近夷衰弱，适足为崛起远夷之资，其今日吐蕃之谓乎！童骏无识，被人傀儡，终且伥虎教猱，猺糠及米，况二十五族与彼壤地毗连，又同种同教哉！玉树不保，势将北拢蒙古，祸必中于湟中；东煽果洛〔洛〕，患且及于洮岷；吾甘来日，其旰食乎！今国家纵不能急切图藏，岂可坐令玉树为之资耶？顾玉树鄙远艰食，宿兵实难，内地转饷，宁能持久？计唯亟经营附近西宁蒙番，逐渐拓殖，以及玉树。而经略之基，须宁海特别区域实行后，以湟中之全力萃于青海，始克有济。盖自海滨以至河首，荒原乱岫，丰草大泊，目极千里，往往无人，唯刚咱〔察〕、果洺〔洛〕诸野番，时出没其间，自非三月聚粮，盛列卒徒，莫敢前往者。倘兵屯既列，亭障相联，道路无虞，来往玉树者渐多，然后以兵保商，以商兴屯，以屯足食，而瘠陋可化为沃壤。玉树之植基既固，即可联络川边，以为制藏之计。今欧战方酣，不暇东顾，吾国人欲经略海藏，此诚千载一时之机会。失今不图，后必噬脐。而世之君子，方且竞争权利于中区蹄涔之水，坐视百余万方里之陆海榛莽际天，以待他族之开辟！此希武与牛君所为读《山有枢篇》而相视流涕者也。乃发愤述《玉树调查记》，以为经略青海之嚆矢，并以质世之留心边事者。都四万余言。

维廿五族，荒服于清，民国勘抚，疆索以明。述部落记第一。

两戒维首，昆仑之墟，昔导厥委，今详其初。述山脉记第二。

夏姒导江，不竟其源，黑水雍略，后儒异言。述水道记第三。

与康犄唐，是亦一奇，险阻既著，筹边是资，述地形记第四。

清末政圮，蒙藏披离，鉴彼图此，勿谓小夷。述政治记第五。

吐蕃崇佛，杀去力衰，因势利导，胜国是师。述宗教记第六。

聚麀鸟葬，兽心未革，立教易俗，匪伊朝夕。述风俗记第七。

货弃于地，地濒于边，混沌不凿，人将我先。述实业记第八。

蜗角蛮触，睚眦构兵，事近蒐琐，可烛番情。述掌故记第九。

荒裔晚著，史籍无征，粗举所见，西爪东鳞。述考证记第十。

校 释

① 玉树四族　今作由受或优受四族。

② 本蒙古部族　乃指曾于清初隶属于青海蒙古和硕特部。

③ 达木为藏文达木云（འདམ་གཞུང་།）之简称。达木云之译音较杂，如达木、达木云、当云、当木云、阿克达木……此处系指当木曲河流域之当木云，但玉树四部落的中心牧地在治多，并不在当木云，此处似误。

④ 娘嗟　亦译作尼牙木错、牙木错，今通译作年措。

⑤ 而青海余孽，犹役属玉树　清时，对青海蒙古，常简称青海，后遂成定名。按明初，青海境内并无蒙古族游牧者，公元一五〇九年（明正德四年）鄂尔多斯的阿尔秃厮等部始自河套西上，游牧青海，此为蒙古族迁入青海之始。以后则有土默特部迁入。公元一六三七年（明崇祯十年）厄鲁特固始汗率部在青海湖西北，消灭盘踞青海的喀尔喀却图汗，并合并在青海游牧的土默特各部，青海藏族曾一度隶属于和硕特蒙古。见《明史·西域传》、《清史稿·藩部五·青海额鲁特》、松巴·益喜班觉《青海历史》（青海民族出版社1983年藏文版）及智观巴·丹巴绕吉《安多政教史》（甘肃民族出版社1982年藏文版第26—52页）等。

例言

一 玉树本囊谦等二十五族中之四族，而甘肃历来旧案，以专名为公名，相沿已久，今姑仍之。

一 番名山曰拉；水曰曲，一作楚；滩曰通，一作塘；沟中有滩曰云，无曰囊，_{一作郎，或作朗}。曰陇，曰科；两水之交曰松多；硖曰尕；湖泊曰错。今概循用番称，以符名从主人之义①。

一 番族户口及取名之制，最难得其真象。盖恐增加负担，或夺其利权，故多隐匿不实。今姑就可考者书之。

一 近人志地理，于山脉水道，大率有表，意在力求简明，而披阅之下，反难了然。今仍仿《禹贡》《水经》之例，分条叙次，似较便观览焉。

一 玉树荒裔，晚著旧籍，可征者绝

少，唯《卫藏通志》、《西宁府志》、胡文忠《一统舆图》、《青海调查记》湟源杨某②著，仅二十余页。载其崖略；其余材料，皆此次调查所得，虽挂一漏万，然非耳食。博雅君子能补而正之，更末学所祈望也。

—— 经略玉树之策希武尚有《刍议》一卷，此书止述风土，未能多及。《刍议》将以次出版。

校　释

①山川河流的不同译字，在本书中，不仅只是上举数例，其他参考书籍中亦多不同写法，如"滩"亦译作"汤""峒"；"云"不仅指"沟中有滩"，凡较大之滩或盆地等都称为"云"，其译字亦较杂，如"涌、雍、容、峒、雄"等；水的译字尚有作"珠"或"褚"者，沟之译字还有作"口、可、柯、考"者；"昂"亦有作"郎""能"者；"松木多"亦作"苏木多"；"大"译作"庆、钦"，"小"译作"群"或"穹"等等。由于历史的原因，民族地区的地名译法，比较混乱，还没有形成统一的标准地名，因而本文校释中，只能尽量提出某些不同的译名，加以对照，没有作统一的处理，以免治丝益棼。

②湟源杨某　即青海湟源杨景升，著有《湟源县志稿》及《青海调查事略》。

目录

卷上

部　落　　　　　　　　　3
山　脉　　　　　　　　　18
水　道　　　　　　　　　28
地　形　　　　　　　　　43
政　治　　　　　　　　　52

卷下

宗　教　　　　　　　　　61
风　俗　　　　　　　　　71
实　业　　　　　　　　　77
掌　故　　　　　　　　　86
考　证　　　　　　　　　94

宁海纪行　　　　　　　　111

附录

附录一　番例六十八条　　179
附录二　查勘玉树界务报告　202

卷上

部落

海南各土司，除少数蒙古族外①，其余言语、状貌、宗教、风俗大类西藏族，盖羌、浑、吐蕃之支裔也。其栖息之地，为金沙、鸦砻、澜沧诸江之上流，在虞、夏为雍州蛮荒之地；殷周迄汉，为西羌地；晋及六朝，迭为吐谷浑、白兰、党项所据；唐、宋以降，为吐蕃地；元、明以后，其土人夷为蒙古奴隶；清初，始脱奴籍，载在贡马番族之列。二百七十年来，唯以羁縻为政策，会盟征求之外，听其自生自灭，而不为之所。乃至种落分合之故，番酋嗣袭之常，档册亦略而不具。入民国后，遂以称名之互歧，酿成陇蜀之争执，纷纷者逾年而不决。夫玉树属陇属蜀，犹之中国也，所忧者附近西藏，隐患方长耳！余随使玉树，访问长老，参考图志，始得其种族区分之详。述部落记，而以位置、疆域，弁于篇首。

玉树在青海之南部。地形纵狭横广，南尽北纬三十二度，当杂曲、鄂穆曲二水之间，川边昌都之北；北尽北纬三十五度三十分，当黄河源星宿海之南岸，南北相距三度三十分；西尽东经（准英经度）九十四度，当通天河南北二源合流之西；按自此迤西，至东经九十度，其地皆属青海，其间有无人种，尚未调查的确。东尽东经九十九度三十分，当咱曲河②东源尽处，东西相距五度三十分。面积约四十万方里，占有青海全部三分之一弱。以上位置。

东与川边石渠、邓科、同普、昌都诸县为界；南与类乌齐及前藏纳书克③等三十九族为界；西北皆荒寒无人之地，遥与蒙古、柴达木、新疆东南部相接；东北与果猓（洛）番毗连。东西约一千二百里，南北七百余里。以上疆域。

玉树凡二十五族：曰囊谦族，曰拉休族，曰苏尔莽族，曰苏鲁克族，曰格吉上、中、下三族，曰中坝上、中、下三族，曰迭达族，曰称多族，曰固察族，曰安冲族，曰娘磋族，曰玉树四族，曰扎武三族，曰永夏族，曰蒙古尔津族，曰竹节族。

囊谦为玉树二十五族中之一大族，有分土，有分民，领袖各族，而无管理各族之实权。其地跨据杂曲、鄂穆曲两河，东与苏尔莽为界；南与昌都、类乌齐及巴屑、多舒、琼布噶鲁、色尔扎等族自多舒以下诸族，即纳书克等三十九族之数也。为界；西与苏鲁克、中坝、格吉为界；北与拉休为界。有千户一员，驻色鲁马庄。庄民四十余户，别有干布管理。千户下有散百户四员，百长二十六员，为千户分理土地。属民共二千余户，耕牧相杂。

群博④百户，驻色鲁马西南八九十里之折牙马地方，管番民一百余户，庐居耕田。

洞巴⑤百户，驻色鲁马西一百五六十里之岸陌计地方，管番民五十余户，帐居畜牧。按洞巴旧志自为一族，何时归并囊谦，无考。（诸称旧志，皆指《卫藏通志》。）

阿夏百户，驻色鲁马西八九十里之打巴拉地方，管番民九十余户，帐居畜牧，间有耕田者。

加茶⑥百户，驻色鲁马西十余里之宗唐地方，管番民一百余户，半耕半牧。

以上四百户，均在千户所驻色鲁马庄轮流办事。当值百户，则有代理千户事务之全权。每日由千户给当值者生羊肉早晚各一方，其酥油、炒面皆自备。而现在群博、加茶二百户，则最为千户所倚信。

多乌一作东翁百长，驻色鲁马东五十六里之谦木多地方，管番民三十余户，庐居耕田。

逊打迫百长⑦亦称百户驻色鲁马东北九十余里之强木曲地方，管番民一百二十余户，庐居耕田。按逊打迫亦作买，盖拼音也。

茶瓦百长，驻色鲁马东北八十余里之雄郎地方，管番民四十余户，庐居耕田。

群品百长，驻色鲁马东北四十余里之打木容地方，管番民十余户，帐居畜牧。

葱沙百长，驻色鲁马北五六十里之打木科地方，管番民三十余户，庐居耕田。

中冷百长，驻色鲁马北七八十里之阪云地方，管番民十余户，帐居畜牧。

中沙百长，驻色鲁马西北八九十里之阪云地方，管番民三十余户，帐居畜牧。按前清光绪十六七年间，囊谦因川边德格之扰，上控西宁、兰州。中沙百长来往递呈有功，千户许为请充百户，未果。然至今人均以百户称之云。

达沙百长亦称百户。驻色鲁马西北七八十里之阪云地方，管番民七八户，帐居畜牧。

朵吾百长⑧，驻色鲁马西北百里之阪云地方，管番民十余户，帐居畜牧。

中坝巴群百长、东桑百长、曲才百长，同驻牧色鲁马西一百五六十里之岸阪计地方，与洞巴百户杂居，共管番民二十余户，帐居畜牧。按清初收抚时，止有巴群、东桑二百长，距今六七十年前，东桑百长之弟名曲才者，分立为百长，即以其名部落。又三百长均称中坝云。

加冷中坝百长现升为百户，驻色鲁马西南约百余里之志拉博多哈地方，管番民六十余户，帐居畜牧。

协亥百长，驻色鲁马南六七十里之巴隆地方，管番民三十余户，帐居畜牧。

节存百长，驻色鲁马东偏南六七十里之那宁地方，管番民十余户，帐居畜牧。

盖多百长，驻色鲁马东南七八十里之多那地方，管番民二十余户，庐居耕田。

阿卓百长，驻色鲁马东偏南七八十里之加拉哈地方，管番民十余户，帐居畜牧。

阿代百长，驻色鲁马东偏南之杂哈地方，管番民十余户，帐居畜牧。

梅鸟百长，驻当木喀，距色鲁马三十余里，管番民十余户，帐居畜牧。

旦那百长，驻色鲁马东南九十里之保无容地方，管番民十余户，帐居畜牧。

多冈马同百长，驻色鲁马东南余里之东冈容地方，管番民十余户，庐居耕田，间有畜牧者。

色蕊百长，驻杂曲河北岸聂容地方，距色鲁马百余里，管番民十余户，帐居畜牧。

苏诺百长，驻杂曲河北岸聂云地方，距色鲁马约百里，管番民二十余户，帐居畜牧。

安登百长，驻杂曲河东岸顾强云地方，距色鲁马一百二十余里，管番民百余户，庐居耕田。

按此外尚有拉雪、安可二百长，未详所在。又按上列户数，皆得自访闻，多隐匿不实，度止有实数三分之一耳。以下各族均仿此。

扎武、拉达、布庆，谓之扎武三族，同驻牧一地，在通天河南。东以朝午拉山与川边邓科县为界；南与川边同普县为界；西与苏尔莽、拉休、迭达为界；北以通天河与迭达及加迭喀桑咱〔扎〕曲河流域诸族，谓之加迭喀桑，详见下。为界。扎武百户驻结古，一作盖古多。所属百长六员，曰哈至，驻结古东，曰迭马，驻巴塘，曰蓝达，曰哈拉休，曰节综，曰哈秀。其驻处均见下。管番民三百余户。拉达百户，驻班庆寺附近，所属百长一员，番民一百余户。布庆百户驻班庆寺东登喀色庄，所属百长七员，现止有五。番民一百余户。

扎武有华离之地二处：一在通天河边称多、拉布、迭达之交，蓝达、哈拉休二百长所驻也；一在义曲河西，迭达、玉树、安冲之交，节综、哈秀二百长所驻也。哈秀前百长，喇嘛也，死无嗣。扎武百户令老阳、尖错二人代理哈秀事务。三族之民，庐居耕田者多，帐居畜牧者少。结古为商贾走集之地，二十五族之都会也。市民有二百余家。

拉休族驻牧地横跨子曲河南北。东与扎武、苏尔莽为界；南与囊谦以夏拉山为界；西与格吉麦马族为界；北与迭达、玉树为界。所属百长十二名，番民五百余户，十九皆帐居畜牧。百户驻陇喜寺。又苏尔莽东境，有吹灵多多寺，原自为一族，后附属拉休。又按拉休百长十二员，除麦马、得马二百长均系世职外，余皆干布（百户临时所置，以理民事者）代行其职。

迭达⑨驻牧地跨通天河，其大部在河西，东与称多、扎武属地及拉布寺、竹节族为界；南与扎武、拉休为界；西北与扎武属地及玉树连界。所属百长三名：曰拉达，曰龙媒，曰狨〔戎〕德。番民六百余户，庐居耕田与帐居畜牧者相半。百户驻通天河东北岸，亦名迭达庄。

固察驻牧地在通天河东北岸。东与加迭喀桑及称多为界；北与娘磋为界；西南以通天河与安冲为界。百户驻沁喀庄，无百长。所管番民一百余户，庐居耕田。

称多驻牧地在通天河东岸。东北与加迭喀桑为界；西北与固察为界；南与拉布寺、迭达及扎武属地为界。百长一员，曰喀俄。属民三百余户，庐居耕田。百户驻周均庄。

安冲驻牧地在通天河西南岸。东北以通天河与固察为界；北与玉树、娘磋连界；西南与扎武属地为界。百长七员，曰安冲，曰阿萨，曰阿永，曰叶吉，曰拉吉，曰列玉，曰典巴。属民五百余户，庐居耕田。百户驻安冲庄。按典巴百长属民，近年分逃娘磋、固察，百长遂失职。

蒙古津尔族、永夏族、竹节族，同牧咱〔扎〕曲河流域，统称加迭喀桑（译言三族人民合住之意）⑩。又谓之咱〔扎〕曲喀娃（译言咱〔扎〕曲河地方之人也）。东与川边石渠县为界；南与扎武为界、西与迭达、拉布寺、称多、固察为界；北与娘磋为界；东北与果狢〔洛〕为界。地处奢拉山⑪即巴颜哈拉山南麓，风气高寒，民皆帐居畜牧；自竹节寺迤南，逾加浪山，循歇武沟，至通天河滨，稍有庐居耕田之民。蒙古尔津百户驻奢云水入咱〔扎〕曲河之交。无百长，属民一百余户。永夏百户驻东群河上流。所属百长一员，曰喀耐，驻喀耐寺⑫。番民五百余户。竹节百户驻竹节寺，兼为喇嘛，其族自蒙古尔津分出。年月无考。所属百长三名⑬，休玛百长，驻奢云，此次以转运有功，升为百户；歇武百长，驻歇武寺；阿乜六瓦百长，驻义赫曲（即柴陇水之上流）热云（即麻木云水之上流）一带地方，番民共五百余户。各族牧地交错，岁时迁徙无定，今亦不能详著其分界云。

按蒙古尔津前百户死时，其子勿健诺布尚幼，其妹白力代理百户事务。白力生子官磋，后遂袭职，称白力登马百户。勿健诺布既长，乃招集其父故部，自为一族⑭，由是蒙古尔津分而为二。勿健诺布即以为名⑮为部落之名，而蒙古尔津之名遂微。然则上所谓蒙古尔津者何也？谓勿健诺布也；其不予白力登马者何也？重血统也。白力登马族现驻牧咱〔扎〕

曲河上源，属番二百余户。附近通天河之色科沟有属田，岁春则往田，秋收则去。

阿乜六瓦族，原系各族亡命之徒，群聚肆掠，经各百户追捕穷急，遂逃聚热云、义赫曲之间，插帐而居，自为一族，抢掠少衰；受竹节百户节制，然犹为各族盗贼之逋逃薮云。

按阿乜六瓦前百长桃南求达没时，其子贡哈汪吉尚幼，暂令其弟官磋代理百长事务。

苏尔莽，驻牧地在子曲河下流。东与扎武为界；南与昌都为界；西与囊谦为界；北与拉休为界。百户驻囊结载寺，所属百长二名，曰至拉，曰汪韦。番民四百余户，田多牧少。

苏鲁克，驻牧地在鄂穆曲河南。东以桑木曲水与囊谦为界；西以雅木曲水与中坝麦马族为界；南以大山（即当拉岭山脉）与藏边之琼布色尔扎族为界；北以鄂穆曲河与囊谦为界。所属百长二名，曰巅巴，曰赛琐。番民四十余户。

格吉麦马、格吉班马、格吉得马三族，同驻牧杂曲及子曲河上流。东与拉休、囊谦为界；南与中坝为界；西北与玉树为界。麦马百户驻子曲河上流，所属百长一名，番民四百余户[16]。得马族近分为二：母族曰咱梭[17]百户，子族曰那错[18]百户，均驻杂曲河北岸，无百长，属民共一百余户。班马百户驻让云地方，无百长，属民一百余户，皆帐居畜牧。三族牧地交错，亦难分析云。

中坝麦马、中坝班马、中坝得马[19]三族，同牧鄂穆曲及阿云、当木云之上源。东与囊谦、苏鲁克为界；南以当拉岭与藏边之琼布色尔扎、纳鲁养他马、纳鲁木他马、夥尔吉卡、夥尔梭得马各族为界；西境皆无人之地；北与玉树、格吉为界。麦马百户驻鄂穆曲河南,所属百长一名,番民四百余户⑳。班马百户驻鄂穆曲河北,所属百长一名,番民一百余户。得马百户驻当木云之上源,所属百长一名,番民未详,皆帐居畜牧。中坝原有百长三员,今其一失散,顷中坝班马百户死,无嗣,暂由囊谦千户委群博百户代理班马事务㉑。

戎摸、将赛、总举、鸦拉,谓之玉树四族,同牧通天河上游。东与娘磋、安冲、扎武属地、迤达、拉休错壤;南与格吉、中坝毗连;西北皆无人之地。地面最为辽阔,唯多荒寒不毛之区。其民皆以游牧射猎为业,迁徙往来无常处。戎摸百户现驻业卡曲入通天河之交,东南距结古五六日程,属民五百余户。近年戎摸百户耐鼎之侄干卜汪加分立为日瓦百户㉒。将赛百户驻通天河南登俄陇水之上游,西北距戎摸二日程,属民百余户。总举百户驻通天河北曲马来云地方,东南距结古十二日程,属民一百余户㉓。鸦拉百户驻通天河南当木云地方,属民八九十家。玉树现有百长五员,曰夏西,曰插哈,曰巴拉,曰布漱,曰邦九。各私其土,子其民,不受百户节制㉔。总举之民有白马斗金者,现驻池洮日瓦之地(在当木云西),为人颇强干,玉树各族之事,多由其主持焉。

娘磋,驻牧地横跨巴颜哈拉山,北濒星宿海及扎陵、鄂陵二海,与柴达木相接;南至通天河与固察、安冲为界;东与加迭喀桑及果狢〔洛〕为界;西南与玉树为界;南境协曲河流域,有庐居耕田之民,迤北风气高寒,民皆帐居畜牧,百户无常治,百长一名,属民三百余户㉕。

觉拉寺,属地在杂曲河北,囊谦拉休之间,属民百余户。按觉拉寺即旧志所谓南称界内驻牧喇嘛觉巴拉族也,原司会盟时递文之差,免其马贡,今所司废弛已久。

拉布寺,属地在通天河北,竹节、称多、扎武、迭达之间,属民一百五十余户。按拉布寺即旧志所称喇嘛拉布库克族也,原司木鲁乌苏(即通天河)济渡,免其马贡。后因距渡口稍远,司渡之事,遂由扎武蓝达百长管理。

按以上二族,以寺僧管理番民,无百户、百长之职,亦不归他族管理,亦玉树各族之变例也。而拉布寺则请拉休百户为代理人㉖。

玉树二十五族区分表

族名	土职	驻牧地界	所属头目	属民
囊谦	千户	横跨杂曲、鄂穆曲二河。东界苏尔莽;南界昌都、类乌齐及巴屑、多舒、琼布噶鲁、色扎尔等族;西界苏鲁克、中坝、格吉、北界拉休	百户四名 百长二十六名	二千余户
扎武	百户	同驻牧通天河南。东界川边邓科;南界川边同普;西界苏尔莽、拉休、迭达;北界迭达、竹节	百长六名	三百余户
拉达	百户		百长一名	一百余户
布庆	百户		百长五名	一百余户
拉休	百户	横跨子曲河南北。东界扎武、苏尔莽;南界囊谦;西界格吉;北界玉树、迭达	百长十二名	五百余户

玉树二十五族区分表（续表）

族名	土职	驻牧地界	所属头目	属民
迭达	百户	跨据通天河，其大部在河西。东界称多、拉布、竹节；南界扎武、拉休；西北与扎武属地及玉树连界	百长三名	六百余户
固察	百户	在通天河东北岸。东界竹节、称多；北界娘磋；西南界安冲	无	一百余户
称多	百户	在通天河东岸。东北界竹节；西北界固察；南界拉布、迭达	百长一名	三百余户
安冲	百户	在通天河西南岸。东北界固察；北界玉树、娘磋；西南界扎武属地	百长七名	五百余户
苏尔莽	百户	在子曲河下流。东界扎武；南界昌都；西界囊谦；北界拉休	百长二名	四百余户
苏鲁克	百户	在鄂穆曲河南。东北界囊谦；西界中坝；南界琼布、色尔扎		未详
蒙古尔津附白力登马族	百户	同牧咱〔扎〕曲河流域。东界川边石渠县；南界扎武；西界迭达、拉布寺、称多、固察；西北界娘磋；东北界果猓〔洛〕番	无	一百余户
永夏	百户		百长一名	五百余户
竹节	百户		百长三名	五百余户

玉树二十五族区分表（续表）

族名	土职	驻牧地界	所属头目	属民
格吉麦马	百户	同驻牧杂曲及子曲河上流。东界拉休、囊谦；南界中坝；西北界玉树	百长二名	四百余户
格吉班马	百户		无	一百余户
格吉得马	百户		无	一百余户
中坝麦马	百户	同牧鄂穆曲及阿云、当木云之上源。东界囊谦、苏鲁克；南界藏边三十九族；西境皆空地；北界玉树、格吉	百长一名	四百余户
中坝班马	百户		百长一名	一百余户
中坝得马	百户		百长一名	未详
玉树将赛	百户	同牧通天河上游。东与娘磋、迭达、安冲、扎武、拉休错壤；南与格吉、中坝接境；西北皆荒寒不毛之地		一百余户
玉树总举	百户			一百余户
玉树戎摸	百户			一百余户
玉树鸦拉	百户			一百余户
娘磋	百户	北濒星宿海；南至通天河；东与加迭喀桑、果狢〔洛〕番为界；西南与玉树为界		三百余户
附　觉拉寺		寺在杂曲河边。南界囊谦，北界拉休		一百余户
附　拉布寺		寺在通天河东。东界竹节；南界迭达；西界扎武；北界称多		一百五十余户

校 释

① 海南　旧时一般指玉树地区。玉树为纯藏族居住地区，没有蒙古族。周氏误解"蒙古尔津族"冠有"蒙古"二字，遂以为是蒙古族。"蒙古尔津"乃系藏文译音，是否为蒙古族尚无定论。

② 咱曲河　现通译为扎曲河，即唐时之西月河。

③ 纳书克等三十九族　亦译作纳舒克、纳克树、纳克书或纳肖、纳学等三十九族，也有译作夥尔或霍尔三十九族者。

④ 群博　亦译作群保或琼保。

⑤ 洞巴　亦译作东巴。

⑥ 加茶　通译作贾察。亦有译作加萨者。

⑦ 逊打迫　今译作香达。

⑧ 朵吾百长　应作"尕吾百长"，"朵"为"尕"之误。

⑨ 迭达　今通译作隆布、戎布或隆保。

⑩ 加迭喀桑　亦译作加德喀松（རྒྱ་སྡེ་ཁག་གསུམ），意为三汉部。

⑪ 奢拉山　今通译作查拉山，奢云亦译作查云。查拉山主峰在青海宁玉公路巴颜喀拉山口之西北，海拔 5.167 公尺。

⑫ 喀耐百长　亦译作喀纳百长，三十年代后，转属于拉布寺。

⑬ 所属百长三名　二十年代以后，休马百长被委任为百户；阿七六瓦（亦译作阿米如哇）百长亦被委任为百户；歇武百长改由扎武百户管辖，竹节寺族实际已不存在。

⑭ 即麦玛部落。

⑮ 为名，意不可解，疑有脱落。二十年代以后，加迭喀桑没有以"勿健诺布"为部落之名者，麦玛部落有时亦称"白力麦玛族"。

⑯ 格吉　亦译作格尔吉、格里吉。四十年代后，格吉麦马分

为甘周、祁美、昂赛三部,各称百户。

⑰ 咱梭百户　亦译作扎赛百户或杂赛百户,以地处杂曲河之阴而得名。

⑱ 纳错百户　亦译作纳仓百户。

⑲ 中坝　亦译作奔巴、隆坝。

⑳ 三十年代起,中坝麦马百户凭借其势力及社会关系,兼管苏鲁克部落;该族百户失权,成为中坝麦马的附庸。

㉑ 三十年代以后,中坝麦马完全领有中坝班马的属民,中坝班马之名遂不复存在。

㉒ 三十年代以后,原戎摸部落统称百户如哇部落。

㉓ 四十年代后,总举部落分为多德(上部)、巴德(中部)、赤沟三部,各称百户。

㉔ 玉树部落的五百长在承担结古镇沙薮(驿站乌拉)时,扦哈、邦久(九)、布久(湫)三百长与百户如哇部落,夏西、巴拉与江赛部落,各作为一个支应单位,共同承担,实际上相互之间联系较紧密。

㉕ 娘磋于二十年代中,分为上娘磋与下娘磋两部,基本上以协曲河为界,迤西至代乃河流域为上娘磋牧地,迤东接加迭喀桑界为下娘磋牧地。它所属常克如哇曾一度依附白力登马部,四十年代初,复归下娘磋。

㉖ 觉拉寺属于藏传佛教巴绒噶举派,是由这个教派建立的名实相符的政教合一制管理的地区,历史上与昂欠千户关系密切。二十年代后,虽被青海蒙番宣慰使马麒任命为百长职,实际则仅存名义,一切依附于昂欠千户。

拉卜寺属于藏传佛教格鲁派,是由这个教派僧人建立的名实相符的政教合一制管理下的地区。这个寺的寺主称为拉卜坚贡。本世纪初(编按:指20世纪初),拉卜坚贡旺庆结惹多吉,在政治上甚为活跃，民初，曾赴北京等地从事宗教及政治活动。拉卜百户由其襄佐充任。新中国成立前，这个寺院经营的商业，遍及于康北及玉树的许多地区，是活跃于牧区的商队之一。它凭其商队积累、宗教声誉和政治关系，曾于三十年代，先后从迭达手中购买通天河以东的"河东八庄"及合并原属于永夏部落的喀耐百长部，成为称多县较大的一个百户部落。

周氏所记"觉拉寺与拉卜寺无百户、百长之职，亦不归他族管理"之说，乃民初之情况也。拉卜寺与拉休龙习寺，都属格鲁派，由于教派相同，相互之间协作关系密切，但并无代理之事。

山脉

中国山脉,皆权舆昆仑,而昆仑南、北、中三干分支之处,实在青海之西。玉树二十五族,适当南干、中干分支之交,古所谓昆仑之墟者,其谓是乎。述山脉记。

昆仑导源葱岭,间隔新、藏,东迤至海西,分为三大干。北干由海北入内地,为祁连、贺兰、阴山诸山脉,今以不在玉树境内,不著。中干横枕玉树、娘磋、加迭喀桑之北境,为黄河、金沙江之分水岭,蒙古名巴颜哈拉山,番名奢拉山,入内地为岷山、西倾、鸟鼠、秦岭、伏牛、大别诸山脉。南支横贯中坝、格吉、玉树、拉休、迭达、扎武诸族境内,为金沙、澜沧江之分水岭,蒙古名当拉岭,番名朝午拉山①,入内地为云岭、五岭、仙霞诸山脉。南干于中坝南境，又分一支，东南入藏边三十九族界，为澜沧、潞江之分水岭，入内地为怒山、三崇、九龙诸山脉，以不在玉树境内，亦不详焉。

昆仑中干自玉树西北入境，是为奢拉山。山之南麓，有名州曲哥公喀②者，通天河北源之所出也。奢拉又东迤，分一支南出，为州曲河（即通天河北源）及曲马来云河之分水岭③；奢拉又东迤，分一支南出，为曲马来云及岗吾曲④之分水岭；奢拉又东迤，分一支南出，为岗吾曲及色勿曲之分水岭；奢拉又东迤入娘磋境，分一支南出，为蒲通那色公喀山；蒲通那色公喀山，又分为中、东、西三支：中支南迤至通天河滨之觉让寺而止；西支西南入玉树境，名登额那宰拉迫山；东支东南趋至代勃松多而止，名年西拉山。奢拉又东迤，分一支东南出，为通天河及咱〔扎〕曲河（即鸦砻江上流）之分水岭，番名加浪拉山，加浪拉山西南出五小支：一名牙马拉山，为代乃曲、协曲之分水岭；一名木笋乾果山，为协曲、固察曲之分水岭；一名凯拉山，为固察曲、称多曲之分水岭；一名宁朵拉山，为称多曲、拉布曲、歇武曲之分水岭。加浪拉山由歇武百长地出境，入川西为素龙山脉；奢拉又东迤，出加迭喀桑境，入果狢〔洛〕番境，南出一支为加迭喀桑及川边石渠县之界山，番名咱冷木拉山。

昆仑南干自玉树西南入境，经中坝南，番名奢午拉山。山之北麓，通天河南源之所出也⑤，其南麓，潞江北源，古叉曲之所出也。奢午拉山东迤为当沙买拉山，即当拉岭也⑥，折而北趋，贯中坝境，又北入格吉西境，北出一支为当木曲及木哥曲之分水岭；奢午拉山折而东迤，包格吉北境，为果瓦拉沙拉山，北出一支为木哥曲及科遣云之分水岭；奢午拉山又东迤为科遣拉山，北出一支为科遣云及业卡曲之分水岭，名奔朵登拉山⑦；奢午拉山又东迤至子让公喀，东南出为子叩勒马朵拉山⑧，为东摸拉山，为奢乃拉山，为夏拉山，为浪俄拉山，由苏尔莽南境出界，入类乌齐地，乃杂曲河与子曲河之分水岭也；奢午拉山又东迤为子当得拉山，又东至将赛百户南境，北出一支为业卡曲及登俄陇水之分水岭，名将公脱拉山；奢午拉山又东迤至拉休西北境，北出一支，名色吾臣忌拉山，为登俄陇水与义曲之分水岭；奢午拉山又东迤至拉休东北境，为朵拉山⑨，北出为扎马拉山，为扎拉山，乃义曲及结古曲之分水岭也；奢午拉山自朵〔尕〕拉山折东南，趋入扎武西境，为熊拉山，南出一支为曹曲及子曲之分水岭；奢午拉山自熊拉山东迤，横贯扎武地，为恩扎拉山，为果拉山，北出一支为朝午拉山，南出一支为俄拉山；奢午拉山由扎武东境出界，入川边邓柯县界，折南为云岭山脉。

奢午拉山自当拉岭⑩又分出二支东迤：一为杂曲与鄂穆曲之分水岭，由中坝、格吉之间东迤，为瓦里拉山，为起拉吉拉山，又东迤至囊谦西境，为班木结拉山。班木结拉山又分二支：一为杂曲与巴儿曲之分水岭，东南迤为拉马拉山，由囊谦东南出境，至昌都而尽。一为巴儿曲与鄂穆曲之分水岭，东南迤为朵纵拉山⑪，为沙俄拉山，由囊谦南境出界，至巴儿曲入鄂穆曲之交而尽。一为澜沧江与潞江之分水岭，即二十五族与藏边三十九族之界山也。东迤至中坝麦马族南，为保哥加勒拉山；又东至囊谦南，为貊勒拉山；貊勒拉山又东出一支为觉拉山，由囊谦挞朵寺南出境，入类乌齐界，至恩子曲入澜沧江之交而尽。

山脉高低比较表

就调查者亲到，用气压表实测之数为准

山名	气压表高出海面米突	合工部尺	实测处
结古	四〇八〇	一二七五	巴曲河边，在结古南半里处
结古拉	四九五〇	一五四六.八七五	在结古北五里
扎拉	四九二〇	一五三七.五	在扎西科脑
巴通	四六九〇	一四六五.六二五	在结古南五十里
熊拉	五六四〇	一七六二.五	在巴通南熊曲脑，巴曲与子曲分水岭
果拉	五三七〇	一六七八.一二五	在巴通东南苟曲脑，巴曲与协曲分水岭
奢〔查〕拉	五二〇〇	一六二五	在咱〔扎〕曲上流奢〔查〕云脑
竹节寺	四六六〇	一四五六.二五	在咱〔扎〕曲河边
加浪拉	四九〇〇	一五三一.二五	在协〔歇〕武沟脑
惹拉	四七三〇	一四七八.一二五	在结古东北十余里通天河边
通天河	四〇四〇	一二六二.五	拉布寺曲河口蓝达渡口处
拉布寺	四一六〇	一三〇〇	在拉布曲边
宁朵拉	四九五〇	一五四六.八七五	在宁朵沟脑，拉布曲与称多曲分水岭
称多	四二三〇	一三二一.八七五	就周均庄测

山脉高低比较表（续表）

山名	气压表高出海面米突	合工部尺	实测处
凯拉	五〇七〇	一五八四.三七五	称多曲与固察曲分水岭
固察	四二〇〇	一三一二.五	就尔勒日庄测
东茂拉	五二八〇	一六五〇	在襄西科脑
隆布交那	四八三〇	一五〇九.三七五	扎拉山以西大滩，系义曲上流
冈尼拉	五一六〇	一六一二.五	在隆布交那脑
义曲	四二六〇	一三三一.二五	在拉吉庄测，距入通天河口数里
阿西拉苟	五二六〇	一六四三.七五	结古西南七八里
夏拉	四九四〇	一五四三.七五	在顾强云脑，为子曲与杂曲分水岭
子曲	四一三〇	一二九〇.六二五	吹灵多多寺前
顾强云	四七〇〇	一四六八.七五	距夏拉二十里处
热强拉	五一二〇	一六〇〇	在觉拉寺东强知囊脑
杂曲	四四六〇	一三九三.七五	觉拉寺西数里处
咱辙拉	四八八〇	一五二五	东错寺西
柴问达通	四四三〇	一三八四.三七五	协曲、建曲会合处
浪俄拉	五〇三〇	一五七一.八七五	苏尔莽族药曲河脑，子曲与杂曲分水岭也
杂曲	四〇七〇	一二七一.八七五	冷周庄渡口
拉马拉	五一〇〇	一五九三.七五	襄谦东北三十里，杂曲与巴儿曲分水岭

山脉高低比较表（续表）

山名	气压表高出海面米突	合工部尺	实测处
囊谦	四六五〇	一四五三.一二五	
麦娘拉	五〇〇〇	一五六二.五	囊谦南四十里，干宗囊脑
沙俄拉	五三六〇	一六七五	囊谦南七十余里，系囊谦与类乌齐及巴屑族之分界处也
朵〔朵〕纵拉	五四〇〇	一六八七.五	囊谦巴儿曲河脑，巴儿曲与解曲⑫分水岭也
公给拉	五一五〇	一六〇九.三七五	更那寺附近，解曲、杂曲分水岭
瓦里拉	五三二〇	一六六二.五	咱〔杂〕曲河边，儿鲁寺对岸
朵曲河	四七四〇	一四八一.二五	以〔儿〕鲁寺前渡口
奢里拉	五二〇〇	一六二五	巴米尔寺西十五里
茶让拉	五三九〇	一六八四.三七五	跌牙寺西北十余里
拉俄拉	五一七〇	一六一五.六二五	茶哈马东二十余里

自兰州至玉树沿途所测

地名	气压表高出海面米突	合工部尺	实测处
兰州城内	一六一〇	四〇三．一二五	
青石关黄河渡	一六八〇	五二五	
西宁城	二四二〇	七五六．二五	
湟源城	二八七〇	八九六．八七五	
日月山	三七五八	一一七四．三七五	
倒淌河边	三五〇〇	一〇九三．七五	察罕城对面
卡不卡	三二九〇	一〇二八．一二五	
阿药云	三一七〇	九九〇．六二五	
贡朵〔尕〕淖	三一三〇	九七八．一二五	
切吉滩	三三九〇	一〇五九．三七五	
倒拉结山	四五五〇	一五二一．八七五	大河坝与恒霭河分水岭
扎索拉	四八三〇	一五〇九．三七五	
马沁雪山	四八五〇	一五一五．六二五	
豆云	四六二〇	一四四三．七五	
黄河渡	四五二〇	一四一二．五	鄂陵海下约三日程
野马滩	四六〇〇	一四三七．五	
野牛沟	四七一〇	一四七一．八七五	
奢〔查〕拉	五二〇〇	一六二五	

自兰州至玉树沿途所测（续表）

地名	气压表高出海面米突	合工部尺	实测处
通天河	四〇四〇	一二六二.五	拉布寺曲河口蓝达渡口处
结古	四〇八〇	一二七五	
熊拉	五六四〇	一七六二.五	在巴通南熊曲脑，巴曲与子曲分水岭
子曲	四一三〇	一二九〇.六二五	吹灵多多寺前
夏拉	四九四〇	一五四三.七五	在顾强云脑，为子曲与杂曲分水岭
杂曲	四四六〇	一三九三.七五	觉拉寺西数里处
拉马拉	五一〇〇	一五九三.七五	囊谦东北三十里，杂曲与巴儿曲分水岭
囊谦	四六五〇	一四五三.一二五	

校 释

① 蒙古名当拉岭，番名朝午拉山　当拉岭为藏文 དང་ལ།（亦有作 ལུང་ལ། གདང་གནས་ལ། 者）之音译字，不是蒙古名，主峰即青藏公路线上之唐古拉山。唐古拉山是当拉岭之异译。朝午拉山，通称查午拉山，亦称当查午拉山。奢午拉山与朝午拉山是其异译。它虽与当拉岭东西相距甚远，但由于它是唐蕃大道必经之途，清代青藏官道亦多取道于此，因此，有些汉藏文记载及国外著述，往往把这个山头叫作当拉，如《三世班禅传记》(藏文)、《西藏图考》、日本佐藤长著《西藏历史地理研究》等等。确切地说，查午拉山为唐

蕃大道的主道，它迤西的郭尤拉山及当拉岭，以及它以东之当沙买拉山都是自古迄今的青藏大道。玉树藏族把当拉岭大道称为"蒙古道"（སོག་ལམ།），早在吐蕃时代，它是通往甘肃河西瓜州的驿道，元清时进军西藏以及凡经河西走廊往来蒙古地区的各族人士多从此道行进；郭尤拉山为甘肃甘南洮岷地区、青海果洛地区人士入藏之道。《新唐书·地理志》中所提到的入藏道程，则是查午拉山大道，而当沙买拉山则为查午拉山的辅助道路，若不取道查午拉山者，一般都从此道入藏，以上各条大道都会于藏北黑河。

② 山之南麓，有名州曲哥公喀者，通天河北源之所出也，周氏此记有误。按《水道提纲》等记载，以曲玛河（ཆུ་དམར།）为通天河北源，而以州曲（འབྲི་ཆུ།）为通天河南源。曲玛河源于柯柯西里，即查拉山脉之南麓，但地名并不叫作州曲哥公喀。州曲在过去一直作为通天河的正源，现由于沱沱河流程比它长，乃以沱沱河作为正源，它作为支流。州曲意为牦牛河，以发源于唐古拉山脉北麓之州曲哥公喀（亦作州曲公喀，意为牦牛河岗）而得名。周氏此处所记与本书《水道记》中对金沙江的叙述相互矛盾。

③ 分一支南出，为州曲河（即通天河北源）及曲马来云河之分水岭，按州曲河并非通天河北源，已见注二，此处之"州曲河"应是曲玛河之误。"曲马来云河"应作来云河，为一条小河，《青海省全图》中把它记作由东向西注入曲玛河之一支流，它注入曲玛河之地区一般作曲玛来云，意为曲玛来川。

④ 岗吾曲 似应作"当阿曲"。

⑤ 查午拉山不是通天河南源之所出，见注二。怒江北源，也不源于查午拉山，此处误记。

⑥ 当沙买拉山，亦作沙买拉山。一般记载中，查午拉山有被当作当拉岭者，但没有把沙买拉山认作当拉岭之事，此处似误记。

⑦ 奔朵登拉山 应为"奔尕登拉山"。

⑧ 子叩勒马朵拉山 应为"子叩勒马尕拉山"。

⑨ 朵拉山 应为"尕拉山"。

⑩ 指当沙买拉山。

⑪ 朵纵拉山 应为"尕纵拉山"。

⑫ 解曲 亦译作吉曲,即鄂穆曲河。

水道

今人制图，远胜古人固也，然有详明之地图，而无精确之说明以辅之，则图之传讹，无由正其得失。盖图印难而差易，说印易而差难，古人所以图史并重也。余尝读桑经郦注，爱其叙述水道，表明所过郡县，使千载下读其书者，因水道以得古迹之所在，历然如指诸掌，其效用岂遽出图下哉？今窃仿斯旨，本牛君测绘之图，详述水道源流，并所经部落、僧寺，使披图者有所考焉。述水道记。

黄 河

黄河，番名玛曲，源出巴颜哈拉山北麓，蒙古柴达木地。东流娘磋北境，潴为星宿海，又东为扎陵鄂陵二海，出娘磋境，入果狢〔洛〕番地。

鸦砻江上流

鸦砻江上游，番名咱〔扎〕曲①，旧图多作玛曲，乃误以黄河番名名之。源出加迭喀桑北境，巴颜哈拉山南麓，东南流经白力登马族牧地，东群曲水自东北来入之；又东南流至蒙古尔津族牧地，奢云水自东北来入之；又东南流至巢弄通盘，智曲水②自西来入之；又东流，左受一小水，折而南流，有三水，一名列且公马，一名列且班马，一名列且朵〔朶〕马。出杂〔咱〕冷木拉山西北麓，自东来入之；又南流，右受东果曲、摺曲二水，左受三小水；又南流，东模云水自东来入之；水出杂〔咱〕冷木拉山西麓，西流入咱〔扎〕曲。又南流至竹节寺东，右受一小水；又东南流至休玛寺西，毛瓦云水自加浪山北流来注之；又东南流，右受喀耐寺、情错寺二水；又东南流至打喀木多出境。入川边石渠县界，有柴陇水出杂冷木拉山东麓，南流来入之，柴陇水上流，名义赫曲。又东经石渠县南，有麻木云水出热富喀当拉山，南流入之，麻木云水上流名热云。按二水皆在境外，而叙之者，以发源皆在境内也。下流至川南会理县西，入金沙江。

金沙江即扬子江上流

金沙江上流，蒙名乌鲁木苏河，番名州曲③，普通名通天河。有南北二源：北源出青海西界勒科尔乌兰达布逊山，东南流千余里，至玉树总举百户牧地西界，与南源会。南源出青海西南界当拉岭北麓，控引众水，屈曲东北流千余里，与北源合，是为通天河。东流经总举百户牧地，有曲马来云水，自北流来入之；又东有当木云水自西南来入之④；水出中坝西境，东北流，左受当午布结曲水，右受当西卡水，北流经鸦拉百户牧地，又北流至州当改巴协喀地方，入通天河。又东有木哥曲水出群科扎西启瓦⑤地方，自南流来入之；又东至牙各张喀地方，有牙云水自南流来入之；牙云上流，有小泊百余，番名邦娄的错加。又东有冈吾曲水⑥自北来入之；又东有科遣云水⑦自南来入之；水出科遣拉根山，北流经邦九百长牧地，右受小沟十八（番名科朵瓦陇庆交结⑧）；又北流，左受惹仍昂奔陇、冰各达陇、巴桑奢九三水，右受莫莫陇、奔云二水；又屈曲北流，入通天河。又东经戎摸百户牧地，有色勿曲水自北来入之⑨；色勿曲水有东北二源：东源曰蒲通水，北源曰加曲水。又东至业卡达科，有业卡曲水⑩自南来入之；业卡曲水有东西二源：西源名偶遣曲，出巴拉百长地，东北流，左会思陇水与东源会；东源名当得曲，出子当得拉山，北流与西源合，为业卡曲水。东北流，左受打陇水；又东北流，固穹曲水自东南来入之（固穹曲水出将赛百户牧地，左挟较穹、较千、马加三水，西北流入业卡曲水）；业卡曲水折北流，巴沙充莫陇、麦陇、当帕姜、将赛布云四水，自东来入之；又北流，茶云水挟惹打陇、多才陇二水，自西流来入之；业卡曲水又北入通天河。又东经将赛百户牧地，左受登额那、公东朗、公正朗、公穹朗四水；又东至觉让寺南，左受一小水，折东南流，至夏鲁寺西南，觉穹郎水自东北来入之，登俄陇水自南来入之；登俄陇水出将赛牧地南境色吾臣忌拉山，北流，名宗科水，有曲马麻陇水自东南来入之；宗科水又北流，名苏莽水⑪；又北流，汤喀云、惹瓜云二水合流⑫，自东来入之；又北流，始名登俄陇；左受能将通拉、当苏将、登俄公郎三水；又北流，注于通天河。又东流至冈洒寺⑬北，有相木科水，出扎西拉山，自南来入之；又东入娘磋南境，有巴郎水自东北来入之；又东南流，代乃曲⑭水自北来入之；代乃曲出巴颜哈拉山南麓，名智曲⑮，东南流，右受智格公马、智格班马、智格朵⑯马三水，左受野马雪迁、闻喜得马二水；折南流，至旷给松多，加吾曲水自东北来入之；智曲又南流，有年西郎水自西来入之；智曲又南流，至代勃松多，勃科水⑰自西北来入之（勃科水出娘磋西南境，有二源：西曰勃哥桑前，东曰勃哥拜前，二源合，东南流，勃哥药前水自西流来入之；又东南流，代拉曲水自北流来入之，东南至代勃松多，与智曲合），始名代乃曲水；又南流，注于通天河。又东南流，至固察种毛藉庄，协曲水自北来入之；协曲水出娘磋东境牙马拉山东麓，南流经色航寺东；又南流，喀让郎水自东来入之；协曲又南流，经喀迭庄西北利、可马、达过三庄，东出娘磋境；又南经固察木许庄西，亨哈庄东，至种毛藉庄之西，南入通天河。又折而南流，至卓亥庄西南，固察曲水自东流来入之；固察曲出加浪拉山西麓，西流，右合大野郎水，左合龙敖郎水；又西流，经尔勒日庄北，沁喀庄南，又西经卓亥庄，南入通天河。又折而东流，义曲水自西来入之；义曲出迭达南朵拉山北麓，东西二源，合流北注，名觉云；又北，夺哥云水自西来入之；又北至曲池喀，交那云水自东来入之，科云水自西来入之；又北，左受一水，始名义曲；又北，左受一水，入安冲境，折而东流，经喀惹庄、班贡寺南，茶通揭惹庄北，辄曲水自南来入之；又东经郎顷寺，北入通天河。又东至南木达庄扎武属地北，郎西科水自西南来入之；又东入称多境，称多曲水自东来入之；称多曲出加浪山西麓，南北二源，合流西注，经东周喀庄、改锁寺南，又西，入通天河。又折而南流，至本领庄扎武属地西南；又折而东流，至增勃庄扎武属地南；又折而南流，至蓝达庄扎武属地西，汤陇水自西流来入之；拉布寺水自东来，经图登贡巴北，入通天河；又南流至迭达之旦达庄东，折西科水自西来入之；又东南流，经迭达庄西；又南流，至芒勃庄迭达属地西南；折东流，至直布达庄歇武百长属地南，歇武沟水自东北来入之；歇武水出加浪拉山，西南流，右受朵拉郎水，左受野火沟水；又南流至直布达庄东，入通天河。又东南流，色科沟水自北来入之；又东南流，结古水自西来入之；结古水源出结古西南之熊拉山，名熊曲，东北流，有同哈中达水，源出朵拉山，自西流来，与熊曲合；东流至巴通（译言大滩），有苟曲水[18]自东南入之，（苟曲源出果拉山，北流，经苟老马插帐地东，又北流至提磊戒庄，有朝午拉山水自东来，与苟曲会；苟曲自此折西流，经班庆寺南，又西至巴通，恩子曲水自南来入之；苟曲又西北流，与熊曲会）屈曲北流，经禅姑寺西，又北出硖，至结古寺南，是为结古水，番名扎曲。有扎西科水，西出扎拉山，东流至结古市南，与结古水会；结古水折东流，北受一小水，又东经新寨庄南，有小水自西北来入之；结古水又东流，屈曲硖中，至阿黑庄北，入通天河。按结古水本名扎曲，恐与鸦砻江上游咱〔扎〕曲河混，故以地名名之。又东南流，至夏达庄扎武属地出境，入川边邓柯县界，是为金沙江。

澜沧江上流

澜沧江上流有二源：北曰杂曲河，南曰鄂穆曲河。

杂曲河发源格吉西北境果瓦那〔拉〕沙拉山麓，有南北二源：南源曰杂那云，北源曰杂朵云[19]，二水东流，至扎西拉贺寺之西相合，名杂朵拉松多[20]。番人谓两水之交曰松多。杂朵拉水[21]东南流，至阿杂松多，阿云水自西南来入之，阿云水出中坝当拉岭[22]之东麓，二源并发合流，东北注至阿苏松多，苏旺云水自西来入之；阿云水又东北流，至阿杂松多与杂朵拉水[23]相会。是为杂曲河㉔。东南流,右受可儿衮云、加戎云二水,又东南至杂蒲多,蒲儿曲水自北来入之㉕;水出子让公喀地方,南流,西受腊梅郎水,东受然知云水,又南流,至杂蒲松多,入杂曲河。瓦里郎水自南来入之,又东流经儿鲁寺、作庆寺之南,有渡口,名泗欠惹瓜㉖。左受六水,右受一水;又东,勃弱水自北来入之,勃弱水出子叩勒马朵拉山㉗,东南流,至巴乜寺,借鲁云水自东北来入之;又东南流至勃弱松多,沙庆水自东北来入之;折南流,入杂曲河。又东南流,庆摸云水自东北来入之;朵尼云水㉘自西南来入之;又东南流,群摸水自东北来入之;又东流,班木云水自西南来入之;又东入囊谦境,倒泽云水自南来入之;折东北流,多各觉水自北来入之;又东流,经达朗喀庄北,又东,果鲁云水自南来入之;又东,入觉拉寺境,年曲水㉙自西北来入之;水出囊谦西北境奢乃拉山东麓,左右各受一水;东南流,至尼牙寺,左右又各受一水;又东南流至觉拉寺西,入杂曲河。又东流,经觉拉寺南,又东南流,左受三水,右受三水;又东南,顾且云水与觉云水合流,自东北来注之;又东经朵衮云地方㉚南,右受一水;又东,仍入囊谦境,喀拉陇水自东北来入之;又东南流,至坎达庄西,龙光硗水自东北来入之;又东南,雪陇水自西来入之;又东南,经古特知庄南;又东南,至宗咱庄东,强西云水自西来入之,叶浪朵硗水㉛自东来入之;又东,经苏尔莽境出界,至昌都之达赖喀庄左,合子曲河,又南流,至昌都,与鄂穆曲河合,是为澜沧江。

子曲河发源格吉东北境子叩勒马朵拉山㉜之北麓,名子庆云水,东流,子当得郎水自西北来入之;又东,朵种工马水㉝自北来入之;又东至子野墨松多㉞,子群云水自西南来入之；又东，左受子借木郎水，右受三水；又东，左受子革马水；又东南流，右受一水，入拉休境，简仓曲水自北来入之；又东，达木云水右挟二水，自东北来入之；又东，左右各受一水；又东，日庆科水自北来入之；又东，右受一水，折东南流，多拉马果水自北来入之；折南流，色拉陇水自西来入之；又南，至落果惹瓜㉟，川边所谓俄洛渡也。陇曲水自东来入之；水东北出朵拉山㊱，三源并发，合流南注，名波录云，左受曳吉水；折西南流，经陇喜寺，南折西流，入于子曲河。又南流，榜曲水自西来入之；折东流，左受龙牙郎、惹群郎二水；入苏尔莽境，屈曲东南流，右受将喀郎水；又东南，至吹灵多多寺西，咱辄云水自东来入之；又折而南，又折而西，至囊结载寺东南，药曲水自西来入之；又折而南流，经朵登寺㊲西，左右各受一水；又南，姚那云水自西来入之；又南，至多忍多庄东，姜云水自东北来入之；水出扎武南境惹乃拉山，有东西二源，南流至何载尼庄合流，西南至多忍多庄东，入子曲河。又南，出界川边同普县境，左受改曲河；西南流至昌都之达赖喀庄，入杂曲河。

曹曲水，源出扎武境内，有东西二源：西源出恩扎拉山，曰建曲，东南流，经拉午寺南，又东南，至柴问多通与东源会。东源出果拉山，曰协曲，南流经东错寺东，又南，与西源会，是为曹曲。东南流，入苏尔莽属地，经德色提寺东，又南经俄洛达庄东；又南，出界入川边同普县境，至曹改松多，与改曲会；改曲出川边邓柯县境，西南流，入同普县境，至曹改松多，与曹曲合。又西南，入子曲河。

按子曲本杂曲之支流，曹曲又子曲之支流，而交会之处，皆不在境内，故特附于干流之后，低一格以示别，下巴儿曲河仿此。

鄂穆曲河上流，名解曲㊳，发源藏边琼布纳鲁木他马族北界，当拉岭东北麓，有东西二源：东曰穆云，西曰桑云，东北流，至中坝南境穆桑巴吾松多合流；又东北流，至保吾野永松多，保云水自西北来入之；折东流，左受二水，又东，巴儿俄郎水自北来入之；又东，经更那寺南，右受二水；又东，经龙喀寺南，北受一水，邦乃郎水自西南来入之；又折东南流，邦群云水自东北来入之；又东南，钩曲郎、巴那郎㊴二水自西南来入之；又东南，至囊谦西境，姚云水自北来入之；养云水㊵自南来入之；又东南，雅木曲水自南来入之；又东南，桑木曲水㊶自南来入之，桑木曲水出琼布色扎族北界，北流入苏鲁克南境，又北，入于鄂穆曲河。自此以下，名鄂穆曲。又东南，经辄布结郎庄之南，又东，至巴色果庄南，友云水自东北来入之；又东南流，有多惹郎、哈冷郎二水自北来入之；又东南，貊曲水㊷自西南来入之；又东南，经挞哈寺北；又东南，出境入类乌齐、巴屑族地，东流左受一水；水出囊谦南境沙俄拉山南麓。又东，经改九寺北，有铁桥。又东南流，至莽达寺西，巴儿曲水自囊谦来，东南流入之；又东南流，至昌都，与杂曲河会。

巴儿曲水，源出囊谦西境朵纵拉山㊸，南北二源，至拉庆寺合流东注，经各尼巴地方，北受一水；折东南流，玳瑁寺水自东北来入之；又东南，名巴云；又折东流，至当巴拉，陇当云水自北来入之；又东流，左受一水，折东南流，经囊谦千户所驻色鲁马庄之西，有小水自东北来入之；折东南，入一石硖，甚险要，约一里出硖，干宗朗水自西南来入之；

又东南流，至干达寺西南出境；又南流至昌都之莽达寺西，入鄂穆曲河。

拉休西北境，有泊曰仁庆永错[44]，周围二十余里；泊之东北三十余里，有小泊，曰色错[45]，周围七八里，属玉树将赛族牧地。

校 释

① 咱〔扎〕曲，在藏文中有两种写法：一作 ཛ་ཆུ，意为自山间岩石中流出之水；另一种作 ཟླ་ཆུ，据说以源头泉水清澈晶莹，如月光闪烁，泉池之状又酷似月形而得名，故一般书写时，常作 ཟླ་ཆུ，意为月河。康区大多数地方及安木多地区，有时把 ཟླ，读作 ཛ 音，所以通称为扎曲。玉树地区，以"扎"名河流者较多，大的河流如澜沧江上流、雅砻江上流，都叫扎曲，小的河流如结古镇的扎曲……过去，汉文翻译中，由于这些河流的名字相同，随意译作"杂""扎""咱"，一般不加区别。因译音的不规范，甚至有把澜沧江误作雅砻江者。

唐时，对澜沧江上游之杂曲，译作大月河，对雅砻江上游之扎曲，译作西月河，都是从 ཟླ 这个词的含义译出，突出"月"意（《新唐书·地理志》"鄯城"条）。为了免除对澜沧江与雅砻江译音的混淆，现一般把前者译作"杂曲"，后者译作"扎曲"（参阅《中国历史地图集》）。日本佐藤长在其所著《西藏历史地理研究》中把协曲指作"西月河"，乃不了解扎曲与西月河一系音译，一系意译之误。

② 智曲水自西来入之，应为"当木曲自西来入之"。

③ 州曲，为藏文 འབྲི་ཆུ 之音译，里曲、治曲、支褚、卜里曲、

得列曲等等皆为其不同的译字，唐时意为牦牛河。州曲之名，来自州曲公喀。由于州曲公喀之麓，有一巨大青色岩石，酷似牦牛之头，这个石牦牛头上的两个鼻孔里，涌出两股清流，汇成溪水，因而得名。佐藤长在其《西藏历史地理研究》中认为，州曲之名，可能来自里果拉山，乃误把州曲源头和它所经的地域混为一谈了！

④当木云水源于当·卡下吉山附近，亦译作当曲、阿克达木河、呵克达木河等。流向为西北，水量较大，因此，也有称为通天河之东源者，流经地区称为当木云。于当木云瑙卜吉山之南查当松多，会合源于查午拉山之查曲水，折向西北流，于东经93°偏西附近，即今治多县州当改巴协喀地区的治当松多 འབྲི་འདམ་སུམ་མདོ་ 注入州曲。其北约二十余公里处，即现定为长江正源沱沱河与州曲河流处，当木云曲流入于通天河之南源，并不流入南北源合流后的通天河。周氏此处所述及附图皆有误。（盖周氏等在玉树调查时，以时间关系，多详于东南部，西部的广大地区，在短短的九个月中，以几个人之力，实难踏遍，因之，有些材料来自访问，加之语言隔阂，疏漏之处，自所难免。）

⑤木哥曲 亦译作毛格曲、毛云曲、莫曲等。为莫云（亦译作毛云、木云）等地溪水汇成者。其支流江曲，即清代赴藏官道中之野驴河，与黄河上流玛多县江云滩之江曲同名而异地。莫云中之当曲，与阿克达木河之当木曲同名，往往与当木云曲相混淆，其实非一地也。"当曲"这个名称，在藏地像"扎曲"那样多且分布又广，因而有时给人们的研究工作带来一些混乱。

木哥曲与杂噶尔曲（杂尕尔水，杂曲北源），两水上流的一些支流同源于今杂多县的群科扎西启瓦，这是一个象征吉祥的地名，意为"吉祥绕聚"的水源头。藏地中，以"扎西启"作为地名者甚多，如甘肃甘南之拉卜楞寺，本名就叫"扎西叶素启维林"，意为"右旋吉祥寺"，简"扎西启"（吉祥绕旋）；又如青海黄南之"扎西启寺"等等。

⑥冈吾曲 似为当阿曲，但是它在色吾曲水之东入通天河，这两者译音相近。自通天河北源曲玛河至色吾曲水之间，没有"冈吾曲"这条水。较大之水，是源于曲麻莱县西北部的昂日曲水（亦译作安日曲水），于色吾沟注入色吾曲水，流入通天河（参阅1980年的《玉树藏族自治州地图》）。

⑦周氏在本书中对于入通天河南源南岸的牙云曲水、科遣曲水（亦译作口前曲水），及通天河北源曲玛河和来云河入通天河之先后次序及位置，均有误记。兹就笔者旅行所经并按《玉树藏族自治州地图》《治多县地图》及《青海省全图》所载，叙述如下：

（甲）通天河北源曲玛河于东经65°附近，与南源合流；

（乙）牙云曲水于东经94°略西之牙各张喀注入通天河南源州曲，入江处对岸稍北为扎扎尼曲入江处，又其东北则为勒马曲入江处。牙云曲水及木哥曲水均在来云河（即周图之曲马来云河）之西，不在其东；

（丙）科遣曲水在周图中虽位于曲玛来云河之东，但它实际并不注入通天河而注入于南源州曲，入江之处在北源曲玛河与南源州曲合流地方以西四十余里之地，仍在曲玛来云河之西；

（丁）来云河为一条小支流，入于曲玛河，它在以上各水之东，不在其西。它注入曲玛河后，称为曲玛来云河。

又科遣曲水入通天河之处，佐藤长定为即《内府舆图》清代入藏官道之库沁炳科，可以和《三世班禅传记》中所记的三世班禅入京道程之 དོར་ཆེན་སྒྲུབ་བཀོད་，相对应，看来可以令人信服。但是，他又认为周氏所记的"水出科遣拉根山，北流经邦九百长牧地，其中'邦九'是'邦兀'之误"。（《西藏历史地理研究·清代青海拉萨间的道程——三世班禅喇嘛之往路》）此说似欠证据。按邦九百长即《西宁府新志》所载《塞外贡马番族》中"住牧苦苦乌苏地方玉树族,距尼牙木错族三百余里,百户一名,百长十一名"中百长之一,自古以来,就是以"邦九"为其部落之名,并没有"邦兀"之说。周氏所记既是实地调查,又可以从地方志书得到证明。

⑧右受小沟十八(番名科朵瓦陇庆交结)应为"右受小沟十八(番名科朵瓦陇庆交结)之水"。又"右受莫莫陇、奔云二水",奔云水今译作"榜涌曲"。

⑨色吾曲河谷,为从两湖赴藏之大道,清代入藏官道,有时即经此地渡通天河,沿南岸至木哥云转入当木云,逾查午拉山西南行赴黑河。《西宁府新志》卷二十一《自西宁至藏路程》中说:

"柯柯赛渡口,有草无柴,由受番子住牧。由此赴藏有三路,惟柯柯赛有渡河皮船,上为七叉河,再上为摆图,水不发时,驼马可涉,然官兵入藏,皆由柯柯赛。"

柯柯赛,亦作苦苦赛尔,皆蒙语一音之异译。佐藤长在其《西藏历史地理研究·清代青海拉萨间的道程》中说:

"在七渡口(伊开苦苦赛尔),有从东方来里楚的河,此河口稍东的地方有曲麻莱克(《分省地图集》《人民地图》),这显然写的是曲麻莱里 Chu dmar ri,是出自河名的山名、地名。并且这条河的河口叫曲麻莱克,这正好视为七渡口的别名。只是曲麻莱河在曲麻莱山稍东,流入来自北方的长大河流,周氏把这条河记作色勿曲水(《玉树稿》地图),恰好也是作为注入七渡口的主流处置的。但从周氏原文看,有'曲马来云水,自北流来注之'。可见色勿曲水即曲马来。色勿曲原名,无疑是 Sehu Chu。"

这段论述,显然是误解了周氏的记述,因为实际上色吾曲水和曲玛来云水为东西相距约百里的两条河流,周氏记述明确,毋庸置疑。佐藤氏所认定的"曲麻莱"则是色吾曲河谷曾一度作为曲麻莱县治时的县城之名(现县治已东移至马场)。他的错误在于(1)把藏语曲玛喀(ཆུ་དམར་ཁ། 见《三世班禅传记》)即曲玛河滨,误解为曲玛莱克；又误解了《分省地图集》等记载，把曲玛莱克作曲玛莱里，作为山名、地名看待，而忽略色吾曲河谷之曲玛莱乃六十年代新命之名，不是河流，他所谓的"曲麻莱河"乃昂日河。(2) 佐藤氏把曲麻莱作为七渡口河口之别名，又把这河作为色吾曲水。然而这河口的本名是"色乌苏木多"（见《西藏图考》等），它既不叫曲麻莱克，也不叫七渡口；七渡口藏语叫拉普敦，它在色吾曲水西三日程，在曲玛来云河之西南，并不在色吾曲河口。(3) 周氏把这河记作"色勿曲水"，这无疑问。然而周氏并没有把它"当作注入七渡口的主流处置"。(4) 佐藤氏既说"色勿曲水即曲马来"，又说"色勿曲原名，无疑是 Sehu Chu"。色吾曲水之名当然是 Sehu Chu，然而曲马来之名则是 Chu Dmar Leb，所以"色勿曲水即曲马来"之说是错误的。

⑩ 业卡曲水　亦译作聂恰曲、宁恰曲。其支流偶遭曲，亦译作恩前曲。

⑪ 宗科水　亦译作宗可水、总曲。苏莽水亦译作松莫水。

⑫ 佐藤长认为汤喀云及惹瓜云二水合流处为唐蕃大道之食堂，待考。（见《西藏历史地理研究·唐代青海拉萨间的道程》，《青海民族学院学报》1981 年 3 期。）

⑬ 周氏于此处对夏鲁寺与冈洒寺的位置叙述有误。冈洒寺亦译作冈桑寺，夏鲁寺亦译作夏日寺，与觉让寺通称为玉树部落三寺。冈洒寺与夏鲁寺隔江遥遥相望，相距十余里，但冈洒寺在西，位于通天河南岸，夏鲁寺在东，位于通天河北岸。

⑭ 代乃曲水　亦称代乃河，为娘磋境内流入通天河的水量较大的河流，今译作德曲。

⑮ 智曲　亦译作折曲。

⑯ 智格朵马　应作智格尕马。

⑰ 勃科水　今译作布曲，其支流代拉曲水，今译作得拉曲；

代勒松多，今译作代布松多。

⑱ 苟曲水　亦译作格曲，其支流恩子曲水，今译作暗子曲。

⑲ 南源曰杂那云，北源曰杂朵云　应为"南源曰杂那云水，北源曰杂尕云水"。

⑳ 杂朵拉松多　应为"杂尕那松多"。

㉑㉓ 杂朵拉水　应为"杂尕那水"。

㉒ 指当沙买拉山。

㉔ 杂曲河　唐时称大月河，参阅注一。

㉕ 又东南至杂蒲多，蒲儿曲水自北来入之　应为"又东南至杂蒲松多，蒲儿曲水自北来入之"；蒲儿曲水亦译作布当曲水。

㉖ 泗欠惹瓜　地在今杂多县治附近，意译即为"泗欠渡口"。唐蕃大道上的婆驿就在此地。《新唐书·地理志》鄯城条："至婆驿，乃渡大月河罗桥。"罗桥即藤桥，解放前，藤桥已不复存在，只有牛皮绳等结成的吊索，人和货物都从吊索溜渡。牛马则驱而涉渡。

㉗㉜ 子叩勒马朵拉山　应作"子叩勒马尕拉山"。

㉘ 朵尼云水　应为"尕尼云水"。

㉙ 年曲水　应为"宁曲水"。

㉚ 朵衮云　应为"尕衮云"。

㉛ 叶浪朵硖水　应为"叶浪尕硖水"。

㉝ 朵种工马水　应为"尕种工马水"。

㉞ 子野墨松多　亦译作子野永松多，意为子曲左右两源合流处。

㉟ 落果惹瓜　亦译作娄苟惹喀，意为娄苟渡口。

㊱ 朵拉山　应作"尕拉山"。

㊲ 朵登寺　应作"尕登寺"，或译作"尕旦寺"。

㊳ 鄂穆曲河　除译作解曲外，亦译作吉曲。

㊴ 钓曲郎　亦译作高去涌，巴那郎亦译作巴拉涌。

㊵ 荞云水　亦译作彦涌水。

㊶ 桑木曲　亦译作山曲、沙木曲。

㊷ 貊曲水　亦译作麦曲水。

㊸ 朵纵拉山　应为"尕纵拉山"。

㊹ 仁庆永错　亦译作年吉措。

㊺ 色错　亦译作晒阴错。

地形

玉树西北一带，荒原乱岫，丰草大泊，广漠无垠，行数日不见其际。帐居之民，迁徙鸟举，难得而制，攻之则拔帐远去；轻骑深入，则粮运难继；裹粮而行，则累重不及事，且有抄掠之虞，此绝地也。东南一带，接近川西，山高水深，复岭沓嶂，亏蔽天日，兀厓峭壁，激冲湍流，非惟无坎衍原隰，并岗陵陂陀，亦属罕见。其险隘处，往往马不能并辔，咫尺之间，便异形势，崎岖险阻，不利驰逐，一夫当阨，千夫趑趄。有事于此，攻者利于绕越，守者利于狙击，冥行盲进，陷入伏中，则一败涂地，此亦筹边驭夷者所宜知也。今略著形势险要及津渡道路，俾披图者，有所考证焉。述地形记。

通天河流域，自娘磋以西尽玉树

境，多草滩，山甚低，高者仅七八十丈至百余丈。自娘磋以下南北两岸及协曲、固察、称多、拉布、歇武、义曲、结古诸流域，皆山峻川狭，急流湍悍，顽石塞途。山高者至二百七八十丈，川宽者不及一里，窄者不及百步，阪峻者至四十五度以上。冬春之交，溢冰满谷，无路可行。番民皆就崖谷险处，葺石屋居之，或据山岭，俯瞰绝壑，汲水樵苏，上下鸟道。杜诗所谓"硖人鸟兽居，其室附层岭，下临不测江"云者，虽就川东言之，然玉树近川，地形实相类矣。《圣武记》言金川番族善筑碉堡，攻之不易，今观玉番据险筑屋，石墉屹峙，凿牖外向，互相犄角，自非绝其汲道，巨砲轰之，则无如何。玉树距金川犹近，疑即碉堡之类矣。

咱〔扎〕曲河（即鸦砻江上流）流域，山平川阔，宽处十余里，狭处三四里，山高者百余丈，唯道路坎坷难行。盖番地平处，皆系沙草，草隙沙土被劲风刮去，其附近草根之沙土，托结根须，垒垒然如人身之有疥也。寒则凹处冰雪，凸处霜草，滑达难行；热则遍地沮洳，没足灭趺，故虽平滩极望，而马不能驰骋。

杂曲河流域，自囊谦以上，宽者里许，狭者数十丈，山高者百五十丈，其在格吉境者，犹娘磋以西之通天河也。

鄂穆曲河流域，其在中坝境者，山开川平。囊谦以下，宽者里许，狭者数十丈，山高者百余丈，惟不甚峻。

子曲河流域，自陇喜寺以上，山开川平；以下山峻川狭，宽者里许，狭者数十丈，山高者百余丈。

巴儿曲河流域，山峻川狭，宽者及里，狭者数十丈，山高者百余丈。

边地要隘

歇武寺东，有通川边石渠县之路，野火沟其要隘也。情错寺东，有业打喀木多地方，乃鸦砻江出境之口，亦有通石渠县路。色科沟亦有通石渠县路。

结古东南，有通邓柯县之路，朝午拉山其要隘也。沿通天河出境，亦可通石渠、邓柯，唯狭险难行。

结古南，有通同普县之路，保合桑喀，其要隘也。

囊谦东南有通昌都县之路，干达寺其要隘也。

囊谦南，有通类乌齐之路，沙俄拉山其要隘也。

囊谦西南，有通藏边三十九族之路，挞朵寺其要隘也。

中坝南，有通藏边三十九族之路，索滂羊宗、当沙买拉、穆桑巴吾松多，皆要隘也。

玉树西，有通新疆和阗之路，以荒原罕行者，未详。

由玉树北行，经娘磋境，绝河源，有通柴达木之路，此故西宁赴藏之大道也。扎、鄂二海间，亦有路，西合海北大道，东合海南小道。

由加迭喀桑休马百长牧地东北逾奢拉山，绝黄河，经果洛〔洛〕番地，有通西宁路，所谓海南小道者是也。

内地要隘

边地之要隘有定，腹地之要隘无定，盖无处非要隘也，而形势之轻重，则视控驭者之所在以为衡。结古故为内地委员莅盟之地，虽稍偏东，而物力、形势，均非他处所及，后有驻扎经营者，不能改也。今以结古为标准，稍著各族之要隘焉。

苏尔莽赴结古，以扎武之果拉山为第一要隘，禅姑寺为第二要隘。

囊谦赴结古，以龙光硖为第一要隘，夏拉为第二要隘，拉休之龙喜寺为第三要隘，扎武之熊拉为第四要隘。

中坝赴结古，以格吉之拉吉拉起瓦里拉山为第一要隘，囊谦之奢乃拉为第二要隘，拉休之朵拉①为第三要隘。

格吉赴结古，以囊谦之奢乃拉山为第一要隘，拉休之朵拉②为第二要隘。

玉树赴结古，以节综山为第一要隘，迭达之扎拉为第二要隘。

娘磋赴结古，以固察之种毛籍庄为第一要隘，安冲之藏迭庄为第二要隘，扎武属之东茂拉山为第三要隘，迭达之扎拉山为第四要隘。

加迭喀桑赴结古，以加浪拉为第一要隘，直布达③为第二要隘，惹拉山为第三要隘。此东路也，若由西路，则须出称多、拉布之间，要隘甚多，见称多、拉布下。

固察赴结古，以称多之改锁寺为第一要隘；扎武属之汤达、中达、增达三庄，皆在通天河西岸，相距各数里，据山临河，险要无比，为第二要隘；迭达之通布达庄④为第三要隘。

称多赴结古，以拉布寺之宁朵拉为第一要隘，扎武之汤达三庄为第二要隘，迭达之通布达⑤为第三要隘。

拉布寺赴结古，以扎武之汤达三庄为第一要隘，迭达之通布达⑥为第二要隘。

安冲赴结古，以东茂拉山为第一要隘，扎拉山为第二要隘。

迭达赴结古，西路以通布达⑦为要隘，东路以惹拉山为要隘。

觉拉寺赴结古，以夏拉山为第一要隘，陇喜寺为第二要隘，熊拉山为第三要隘。

津　渡

通天河，歇武寺直布庄南⑧，有渡口，宽约二十二三丈。扎武蓝达庄西，有渡口，宽约二十四五丈，深丈许，水清石底。固察种毛藉庄有渡口，宽约十八九丈，均用皮筏，冬有冰桥。又通天河上流，玉树境内，有巴哈苦苦赛渡口，系青藏大道。

咱〔扎〕曲河，蒙古尔津谄他南，有渡口，水小可涉。

子曲河，陇喜寺西，有渡口，深一尺六七寸，涨时约二尺五六寸，宽七丈许。子云亦有渡口，均可涉。

杂曲河，囊谦古特知庄南，有渡口，宽约六十丈，马行三百一十四步，深没马腹，水甚清，皆碎石铺底，冬亦不冻。觉拉寺南亦有渡口。

巴儿曲河，囊谦南，有渡口，宽约三十余丈，深尺许。

鄂穆曲河，囊谦挞朵寺东北，有渡口。鄂穆曲流出境，至类乌齐改九寺北，有铁桥，宽约四十丈。

道　路

番地无里数，唯以马牛一日所行为计。马日行约八九十里，牛日行约五六十里。今著道路，有不能详其里数者，但标明马站牛站而已。

由结古赴囊谦路

结古西南行，六十里滂孔咱，五十里曳吉松多。以下为拉休地。四十里陇喜寺，二十里落果拉瓜⑨，五十里顾强云。以下囊谦地。南行，六十里顾且寺，七十里坎达，五十里乃鲁。西南行，二十五里喀知。西行，四十里至囊谦。千户所在地。

由结古西行，六十里哈仝中达，六十里多拉马果。南行，七十里落果拉瓜，与大路会。

由顾强云西行，马站一站觉拉寺，一站达浪喀，以下囊谦地。一站然觉寺。西北行，一站云尼朵⑩。以下格吉地。西行，一站泗欠惹瓜。此囊谦赴格吉之路。

由囊谦千户驻所马站一站当巴拉陇，一站过尼巴。西行，一站巴色果。由过尼巴西北行，一站至然觉寺。西北行，一站龙喀寺。以下中坝地。西行，一站更那寺，一站保吾野永松多。由更那寺西北行，一站至可衮云，与结古赴藏大道会。西南行，一站穆桑巴吾松多。又南可通藏边琼卜纳鲁养他马族地。

由囊谦千户驻所马站一站彼扎喀⑪，一站干达寺。出界，一站莽达寺，一站交老，一站浪木达，一站昌都。

由囊谦南行，二站至改九寺，三站至类乌齐寺。

由结古赴藏大路

结古西南行，牛站一站仝哈中达，扎武地。一站波录云。以下拉休地。西行，一站尼马戎夏，一站达木云，一站子云⑫。西南行，一站惹知加果，囊谦地。一站沙庆马，以下格吉地。一站巴乇寺，一站泗欠惹瓜，一站瓦里拉，以下中坝地。一站可衮云，一站阿那且马，一站阿哥公茂日。由此西行，牛站六站，逾朝午拉山至索滂羊宗（青藏分界处）。出境，至夥尔吉卡族（即三十九族中部落）之杂车火地方，又经夥尔宜他马族地，八站至拉雪云（群车族地），又六站，至江娘你地方（咱马族地），又一站，出三十九族界，至拉曲喀[13]。番人云，此处与海北赴藏大路会。

由结古赴石渠县之路

结古东行，马站一站至歇武寺，一站至挞木多，一站至石渠县。

由结古赴邓柯县之路

结古东南行，马站一站班庆寺，一站喀沙，以下邓柯县地。一站瞻同，一站邓柯县。

由结古赴同普县之路

结古南行，五十里班庆寺，一百二十里拿隆多，七十里代隆屯，以下同普县地。一百里果得，五十里叉五屯，一百里仁达，四十里同普县治，共计程五百三十里。又由同普县治折西行，九十里卡工，五十里童山沟，五十里觉雍，八十里拖坝，八十里热鸦，七十里昌都县治。又由昌都西行，四站至恩达，又七十里，至类乌齐。由昌都东南行，五站至扎鵶（鸦）[14]。

又由拿隆多西南行，九十里德色提寺，六十里窝纳，一百里金通，四十里昂达贡，五十里昂多，六十里温达，五十里昌都，此结古赴昌都捷径也。

由西宁赴结古之路

西宁西行，五十里镇海堡，四十里湟源县。即旧丹噶尔厅。南行，六十里上窝药。西南行，逾日月山卡，甘青分界处。

五十里倒淌河滨，八十里恰卜恰，六十里窝逊，四十五里贡朵〔尕〕淖尔，五十里切吉河口。南行四十里切吉河脑。自倒淌河滨西南行，十里巴彦淖尔。南行，三十里郭密。西南行，一百六十里小塔拉，五十里切吉河脑。此路较捷二十余里，而自郭密至小塔拉无水。西南行，七十里班禅玉池，即大河坝也。四十里扎梭拉沟，六十里羊肠沟，六十里钦科车马，七十五里扎格车有，四十里岛高拉力色薄，八十里马拉有，二十里黄河渡口，五十里野马滩，七十里野牛沟，八十里哇云滩，五十里奢拉山西麓，六十里休马番帐，竹节寺所属。七十里诒他番帐。蒙古尔津族属。南行七十里咱〔扎〕曲河滨，四十里竹节寺。东南行，五十里喀耐寺。西南行，六十里歇武寺，六十里过通天河瓜拉小洲，四十里结古。自竹节寺西南行，一百里拉布寺，七十里通布达，六十里结古，路较捷而多大山。

共一千六百二十里。此路八九月间，草黄粪干，旅行最宜。冬春大雪封山，夏则泥潦纵横，又有瘴气，草小粪湿，人马俱困。

又海南北赴藏大路，经娘磋、玉树境，其站口里数，具详《卫藏通志》《西宁府志》《筹藏刍议》，今以未曾亲历，不具述。

校　释

①② 朵拉　应为"尕拉"。

③ 直布达　亦译作直门达。

④⑤⑥⑦ 通布达　亦译作土门达。

⑧ 直布庄　即直布达。

⑨ 落果拉瓜　即《水道记》注三五之落果惹瓜，今通称娄苟惹喀。下同。

⑩ 云尼朵　应为"云尼尕"。

⑪ 彼扎喀　亦译作乩扎喀。

⑫ 子云　应作子曲喀，意为子曲渡口，即唐蕃大道之截支桥。由此过子曲河，沿周氏所记的路程，于阿哥公茂日以西的当木云滩分为两条路行进，一条路去当沙买拉山大道，西南去黑河（那曲卡）；另一条则横穿当木云，西南行，沿查午拉山大道，至索滂羊宗，转黑河。唐蕃大道，即取此道。

由于草原河流常随季节雨量而涨落，行旅者每逢子曲河水上涨而不能涉渡时，则不渡子曲河去唐时所称的截支川，而是沿子曲河北岸溯行，经子改马喀，于子野墨松多分别涉渡子群水与子庆水，沿子庆水北岸前行，逾子叩勒马尕拉山，进入布当云，过布当河桥，经底亚坎多等地到达杂尕那松多。在此如遇杂曲河上涨，就西北折入杂尕云，沿杂尕尔水（杂尕云水）河谷溯行，绕杂吉山，进入当木云。正常的道路则于杂尕那松多分别渡过杂尕尔水和杂那水（亦译作杂那克水），进入杂那云，折西南行，逾龙猛拉山，进入当木云，绕璃卜吉山，至查当松多，过当木曲，南沿查吾曲水溯行，即到查午拉山。逾山后，经索滂羊宗，即达唐番大道之大速水桥（索曲）。

⑬ 拉曲喀　亦译作纳曲卡或那曲卡，即黑河。

⑭ 扎鸦（鸦）　亦译作扎雅、乍丫。

政治

番无政，惟部落之故习而已。此所谓政，则中邦钤束远夷之制也，间以番俗之近政者附焉。述政治记。

海南番族，自元明以来，降为蒙古奴隶。前清雍正初年，削平罗卜藏丹津之乱，渐次招抚。雍正九年，西宁总理夷情事务衙门大臣达鼐奏请川陕派员，勘定界址。十年夏，西宁派出员外郎武世济、笔帖式齐明、侍卫济尔哈朗、游击来守华、都司周秉元；四川派出雅州府知府张植、游击李文秀；西藏派出主事纳逊额尔赫图，守备和尚，会同勘定：近西宁者归西宁管辖，近西藏者归西藏管辖。由是纳书克等三十九族，暂隶西藏，而阿里克等四十族，归西宁管理。

达鼐奏定：每千户以上之部落，设千户一员，百户以上之部落，设百户一员，俱由兵部颁给号纸，准其世袭。千户之下，酌设散百长五六名，百户之下，酌设散百长三四名，其不及百户之部落，设百长一名，由西宁夷情衙门发给委牌。每十户设一什长，由千百户派充。

今按囊谦千户之下，有散百户四员，不知何时设立？无考。又清末颇有增设百户、百百长①，有请命者，有自置者。

达鼐又奏：该番前与苦苦淖尔②人（即青海蒙古）纳差，因并无定数，任其增减，索取不休，以致众心不服。又查四川纳粮番子，系按地输纳，或户少而输纳者多，或户多而输纳者少，因不均匀，难以遵行。今请不计该番地之所产，止按部落之大小，每百户纳马一匹，折银十两；如不及百户之部落，亦照马匹折价，每户纳银一钱。奉旨：马匹价银十两尚多，可减二两。

雍正十一年，经征起科。每百户岁贡马一匹，折征银八两，不足百户者，按户递算，每户征银八分，总计四十族共八千四百四十三户，三万二千三百九十名口；内除喇嘛觉巴拉、拉布库克二族七十四户，一递文差，一司济渡，免其贡马外，余三十八族，计八千三百六十九户，共征银六百六十九两五钱二分。除乾隆三年，蒙古尔津族被果猞〔洛〕克贼番抢去番民九户，玉树尼牙木错（即娘磋）、固察、称多、南兔（一作安图，即安冲）、典巴、隆布（即迭达）、下扎武族因地震，有番民全户伤亡无存，及止存妇女幼子不堪成户者五十六户，经总理西宁夷情衙门副都统巴灵阿派员外郎高备、守备班第勘实，奏准永行免赋外，实在番民八千三百零四户，共征银六百六十四两三钱二分。每岁由总理夷情衙门会同西宁总兵官，行令各该头目，传谕该管番子，限六月间交纳完全，解赴西宁；仍由总理夷情衙门及西宁总兵官委员公同交贮西宁道库，充作正饷，年底造册报销。

原议一年会盟一次，三年后，间年会盟一次。乾隆二年，西宁总理夷情副都统保祝以四十族番民，渐知礼法，奏改间二年，差章京一员，守备一员，带绿旗兵二十名，蒙古兵五十名，前往结古，会盟一次。

每值会盟之年岁首，由西宁钦差会同镇台，派委员弁，前赴结古，征集各族千百户，行会盟仪式，以便催收马贡，清理积讼。初，清朝国威盛时，委员莅盟，千百户、百长，均以时齐集。清末，委员到番，唯以诛求为事，远人渐肆，至者不过附近各族；囊谦千户，或至或否，或遣所属散百户代之；娘磋、玉树、格吉等百户，虽召亦不至矣。委员需索既足，亦不之诘也。而各番目因缘为利，马贡银两户出至二钱有余。

莅盟委员到番，人马需用，概由番支。每人十日支馓巴〔糌粑〕（青稞炒面）五斤，牛羊肉折支藏银一元（合内地银三钱二分），茶折支银一元半，酥油（和馓巴〔糌粑〕食之）、牛粪（番地无薪，以牛粪为燃料）、灯油、青稞及草（饲马刍），均支实物。又有汤役（供职爨、汲水、杂役之人），由番雇支。员弁所驻铺屋，由番租赁，铺垫炊具，均由番供给。或曰，此自达鼐收抚已后为例。清末，委员例外诛求，于是有所谓支锅头者！每锅一头，月支银三十两。委员人占锅一头半或三头，哨官人占锅一头，幕友及差官三人占一头，什长四人占一头，兵五人占一头，火夫六人占一头，番始困矣。

附近扎武各族，均派人来结古轮流支差，远者多不至，或事出仓卒，附近各族，亦不及支差，则由扎武族代支，事毕计所费，由各族均摊。千百户支差所费，皆取之于民，按户摊派，上户有出至数十元者。近年川兵阑入，诛求益甚；游民附之，藉口营商，开场聚赌，日用所需，概责番支，番困益不堪。

委员过境，所需马牛，由番支给，谓之乌拉。唯当孔道各族有此差，余则否，稍偏枯矣。自川兵阑入，需索乌拉，往往倒毙，或骑去不返；游民亦藉势需索乌拉，番马耗矣。

民国三年，周特派员务学奉令查勘玉树界务，除草、粪、汤役仍由番支给外，所有例支陋规，概行裁免，需用各物，平价购买，屋租由公给值，乌拉日给银半圆。自奉大总统令，玉树准仍归甘肃西宁管理，周特派员又呈请将清末至今，各族逋欠马贡银两，凡四千余金，酌量减免，番民始识民国之宽大矣。

番酋取民，无一定之制，有田地税，有牧场税。田地税有产粮与土司均分者，有按地纳粮，多寡不一者；牧场税或纳马，或纳牛羊。又有畜税，牛马一头，或纳银一二钱，三四钱不等。或云囊谦牛十头，纳藏银一元。而扎武有一庄，岁纳餻巴〔糌粑〕六十斤，银三两，茶二十五斤者，此又在地税、牧场税之外矣。又有银差，岁纳一二次，三四次不等，此即供给差事所费以摊之民者，无定额，无定期也。又有马差、牛差（即乌拉）、步差，皆自备口粮从事。结古有播种五升之地，而岁纳藏洋十六圆者，此余所亲见，故知邓柯案卷不诬也。

按番地有最难调查者二事，户口及赋税是也。问户口，则以多报少；问税额，则云无之。盖恐加税，并夺其利权也。此据川边德格、邓柯等县案卷，择录一二。玉树东南各族，与德格等县毗连，当不甚远也。

前清雍正十二年，颁给唐古特字律例于西番，系西宁夷情衙门从蒙古例内，摘出繙译者。例目共六十八条。

按蒙古例，罚有十二等，罚牲至九九，罚马至百头。番例曾经奏定，罚服牲畜，均不得过五九之数，定拟。又以番地马匹孳生甚少，犏牛孳生甚多，将罚服马匹，改为犏牛。

又按嘉庆十四年，西宁办事大臣文奏云："细查青海蒙古番子，大约重财轻命，习尚相同。向来命盗等案，一经罚服，两造欣然完结，即深仇夙怨，亦皆冰解。若按律惩办，不特犯事之家，仇隙相寻，即被害之家，亦以不得罚服，心怀觖望。此种积习，不可化诲。伏查番子内附之始，雍正十一年间，经大学士鄂等会议，令西宁办事大臣达鼐于蒙古例内，择选关系番民易犯条款，纂成番例，颁发遵行。声明俟五年后，再照内地律例办理。乾隆元五年③、八年、十年，节经奏请展限。嗣准刑部议覆'番民鄙处要荒，各因其俗，于一切律例，素不通晓，未便全以内地法绳之，不若以番治番，竟于夷情妥协。嗣后自相戕杀命盗等案，仍照番例罚服完结，毋庸再请展限'。等因具奏。奉旨依议，钦遵在案。伏思番民等如敢纠约多人，肆出劫掠，或竟扰及内地边氓，情同叛逆；以及肆意抢劫蒙古牲畜，凶恶显著，关系边疆大局之案，自应慑以兵威，严拿首从，随时奏明，请旨办理，以彰国典。其止于自相戕杀及偷盗等案，该蒙古、番子等，向系罚服完结，相安已久，一旦绳以内地法律，恐愚昧野番，群滋疑惧，转非抚辑边夷之意。可否俯顺夷情，仍照旧例，出自皇上天恩！"云云。部议具奏："番民有犯情节重大之案，自应严示惩创，不得因有罚服之例，稍有宽容，以致法轻易犯。其寻常案件，该蒙古、番子等，一经罚服，两造既属乐从，亦未便率事更张，致启番民疑惧。今据该大臣所奏，自系详察该处确实情形，分别定议，应如所奏办理。"奉旨依议④。按罚服犏牛之法，虽有此制，而西番实未奉行，要之杀人不抵命，则蒙番均也。

西番罚服之例，照被杀之身分，以为赔偿之差。重者偿百金，轻者半之，折交茶包之类，外给马一匹，鸟枪一，刀一而已。或曰，轻者罚茶八十包，约值银三百两；重者罚出经卷一百八帙，约值银六百两；最重罚出经卷及他物，值银千两以上。其不能偿者，由本村之人担任。甲村之人负乙村之人债务，甲村亦有摊赔之责。

番酋判断词讼，两造皆有讼费，而被告所出为多。如番酋处断不公，则自相报复，酿成命案者，往往而是。

番俗所讼之法，凡盗不招者，令握烧斧，以布裹手，封识之，三日而验其手，腐烂则真盗，干枯则枉。小窃不承招者，则置黑白二石于釜水中，浠以土，令摸之，得白则冤，黑则真。两造赌誓无所适从者，则令其亲戚代之赌誓，有代者则为良民，否则莠；或令掷骰，得点多者直。

西番藏兵于民，弛马于野，有事或由上征发，或自相期会，裹粮负枪，乌合麇集，名曰攒兵。其兵之多寡，量事之大小以为衡。率统之人，或百户自为之，或派百、什长为之，或公举强干者为之。中人之家，率有马一匹，鸟枪一枝，其不能备马匹、枪械者，操戈徒行，粮皆自备，行不过百里，相持不逾旬日，而兵解矣。其器械则戈矛刀剑外，鸟枪最多，来福次之，后膛快枪又次之。二十五族，大率族有快枪十余杆至数十杆，马则族各数百匹，或至千匹。

番马皆小而善走，注山蓦涧，轻趫如飞。日出则就草于野，不待驱牵，日曛则各自归其主。番地无菽，马惟食草，故虽果腹彭亨，不及内地马之耐苦持久云。

甲族之人杀乙族之人，乙族出兵以报之。而其出兵也，虚张声势，迟回不前，以待丙族之调停。苟甲族服罪、输财，则兵立罢，即至决裂，交绥亦不过戮一二人而止，不多杀也，盖犹有古封建时代之遗风焉。

寺僧亦能军，其战斗较番民尤力，经堂楣间，常悬枪械刀剑及古甲胄、弓矢、戈矛之类。番俗，百户死则以生平所用兵器输之寺院，以为斋醮之酬谢物。

校　释

① 百百长　即百长，衍一"百"字。
② 苦苦淖尔　亦译作"库库诺尔"。
③ 乾隆元五年　即乾隆元年、五年。
④ 参阅附录一《番例六十八条》。

卷下

宗教

佛教崛兴身毒东北，流行延于中夏，而吐蕃首当其冲，故信教最笃。玉树二十五族与吐蕃同种，其信教亦相类。各族寺院，其教派亦不同，有红教，有黄教，有白教。红教，旧教也①；黄教，宗喀巴之所创也；白教源流未详，或云出喇嘛德迁纪②。今著各族寺院、教派及番民奉教仪式。述宗教记。

二十五族男女三万余口，壮丁不过万余，而僧徒至九千余人，居三分之二。盖番俗家有二男，则一男为僧；或一男一女，则男子为僧，女子继产。生齿不繁，职此之由。为僧则高拱清宴，坐享布施；为民则终岁勤苦，所得半以供佛。由是人益劝③为僧，而生人、操作之役，皆委之妇女。妇女过劳，则不任生子，且因是而女多男少，淫佚无度，则不适生子。故僧徒之多寡，与生齿之盛衰，成反比例。顾番俗虐老兽心，其子僧者，老有所养，其子俗者，赘婿于人，或挈妇而逃。我躬不阅，遑恤我后，于是宁为不祀之馁鬼，不愿为有子之独夫矣，此信教者所以多也。番族百户，亦有为喇嘛掌教权者，或有为僧徒者，或为喇嘛作干布者（代喇嘛管理寺务之人），可以觇西番宗教之势力矣。各族率有寺院数处，多者至十余处；寺僧多者累百，少者数十。作寺院表，以便观览。

二十五族寺院表

族分	寺名	教派	喇嘛	僧徒	附记
囊谦	采九寺	白	三人	一百零五人	
	干达寺	黄	一人	六十人	
	加干寺	白	三人	四十余人	
	朵鲁寺	白	一人	三十人	
	殺乜寺	白	一人	二十人	
	兰舟寺	白	一人	七人	
	初义寺	白	二人	五十人	
	宗达寺	红	三人	六十人	
	曲符寺	白	一人	十人	
	改白寺		一人	四十人	疑即改滚寺，白教也
	挞朵寺	白	一人	四十人	
	旦那寺	白	一人	六十人	
	拉庆寺	白	一人	五十人	
	葱巴寺		一人	三十人	疑即仓沙寺，白教也
	热拉寺	红	一人	二十人	
	拉浪寺	白	一人	十人	

二十五族寺院表（续表）

族名	寺名	教派	喇嘛	僧徒	附记
囊谦	干勃寺	白	一人	二十人	
	东囊拉庆寺	白	一人	七十人	
	东囊拉群寺	白	一人	四十人	
	由迫鲁寺	红	一人	四十人	当作一百一十人
	迭亚寺	白	一人	一百五十人	
	然觉寺	白	一人	三十人	
	白日拉庆寺	红	一人	四十人	
	白日拉群寺	红	一人	三十人	或云无喇嘛
	尼牙寺		一人	三十人	疑即迭亚寺之误
	夏午寺	白	一人	十五人	
	顾且寺	白	一人	六十人	
	巴乜寺	白	一人	七十人	
	麦野寺	白	二人	四十人	
	宁多寺	白	一人	三十人	
	车里寺	白	一人	八人	
扎武三族	结古寺	红	三人	四百五十人	
	禅姑寺	白	四人	三百人	
	果拉寺	黄	一人	二百人	
	汤陇寺	红	无	一百五十人	
	图登寺	红	无	一百三十人	在蓝达庄东，即旧图所谓图登贡巴也。番谓寺曰官坝，即贡巴音转
	班庆寺	白	四人	三百人	
	东果寺	白	一人	五十人	
	东错寺	红	二人	二百人	
	拉午寺	白	二人	八十人	
	多勿寺	红	二人	一百人	
	布隆寺	红	无	二十人	
迭达	惹尼牙寺	黄	四人	三百四十人	

二十五族寺院表（续表）

族分	寺名	教派	喇嘛	僧徒	附记
迭达	邦芭寺	黄	二人	一百六十人	
	芒勃寺	黄	二人	一百三十人	
	朵拉寺⑤	黄		一百二十人	
	桑周寺	红	无	二十人	
拉休	龙喜寺	黄	六人	八百人	
	吹灵多多寺	红	二人	二百人	
	荡喀寺	白	一人	十五人	
	车福寺	白	一人	五十人	
	竹巴寺	白	一人	四十人	
	车鲁寺	红	二人	六十人	
	阿运寺	白	一人		
固察	邦夏寺	红	一人	三十人	
	色尔寺	红	一人	十人	
称多	东周寺	红	二人	二百人	
	朵藏寺⑥	红	二人	三十人	
	孔雀寺	红	一人	八十人	
	先宗寺	白	三人	五十人	
	改琐寺	红	一人	二十人	
	扎喜寺	白	一人	三十人	
安冲	达吉寺	红	一人	五十人	
	邦贡寺	黄	二人	三百人	
	郎寝寺	红	一人	三十人	其僧徒不止此数
	洒藏寺	白	一人	二十五人	
	拉扎寺	白		十人	
加迭喀桑	竹节寺	白	一人	三百四十人	其喇嘛百户兼之
	休玛寺	黄	一人	五十人	
	喀耐寺	黄	一人	一百八十人	
	情磋寺		一人	五十人	
	歇武寺	红	一人	二百人	

二十五族寺院表（续表）

族分	寺名	教派	喇嘛	僧徒	附记
加迭喀桑	宁宗寺	白	二人	一百二十人	
	巴干寺	白	一人	三十人	
	革武寺	白	一人	五十人	
	色巴寺⑦	红	一人	四十人	
	色普寺	红	无	二十人	
苏尔莽	郎结载寺	白	二人	五百人	
	朵〔尕〕登寺	黄	一人	一百五十人	
	德色提寺	白	二人	一百人	
格吉三族	扎西拉货寺	黄	二人	一百二十人	
	儿鲁寺	白		四十人	
	作庆寺	白		五十人	
	巴乜寺⑧	黄		三十人	
	年多寺	白	一人	八十人	
	建中寺	白		二十五人	
中坝三族	更拉寺⑨	白	无	二十人	
	龙喀寺	白		八十人	
	巴拉寺	白		五十人	
	日瓦班马寺	白		五十人	
	日瓦得马寺	白		五十人	
	日瓦麦马寺	白		七十人	
玉树四族	冈洒寺	黄	一人	三百五十人	
	夏鲁寺	黄	一人	三百人	
	觉让寺	黄	一人	二百八十人	
娘磋族	色航寺	黄	三人	三百四十人	
	巴干寺	黄	一人	五十人	
苏鲁克	无				
附	觉拉寺	白	三人	二百三十人	
	拉布寺	黄	五人	四百人	

寺院皆距民居甚近，而不相连，多踞山巅，羊肠鸟道，攀登维艰。其墙皆以天然石板砌成，或涂以臞，或涂以垩④，

远望如洋式楼房，谛视则结构甚陋云。

二十五族寺院，以拉布寺为较壮丽，今详述之，余不赘焉。拉布寺在通天河东，拉布曲水之滨，西负绝巘，东带小溪，南北长里许，东西一二百步。有千佛阁，南北长二十五间，中供大小佛、菩萨像三千尊，皆铜铸，鋈以金。有护法殿，中供韦陀铜像，高三丈余，穿轩_{王逸《楚词（辞）注》：轩，楼版也。}而立，自顶至胸在轩上，自腹至足在轩下。有阴司，中立泥塑胡鬼，面目狰狞，手执蒺藜、五爪绳索之类，森然欲搏人。门楣之间，悬古甲胄、弓矢、刀剑、戈矛之属。又有一楼，高约五丈许，四壁涂以丹腰，四面包檐之下，有棕色缘一层，皆攒木枝，截齐而露其端于外者；缘上有鋈金铜盘，中镌佛像，四面各八枚；屋上则金顶辉煌，风铎琅珰。（各族寺院经堂建筑之制，其外表大略同此。）由正门入楼下，四壁旨供佛像，殊苦黑暗，唯见昏灯明灭而已。中楼有巨物，金光灿烂，穿轩而上，猝不辨其为何物？却出，从旁小门登楼，至中门，朱户金锁，门匼皆金饰，入则栏杆前横，盖楼宽五间，深五间，最中五间，无楼版，环以栏杆，有鋈金巨塔，自地上出，嵌以宝石，维以色帛，塔顶以木作偃月承日状，饰以汞，楼下所见金光灿烂者，即塔之下半也。塔左右有两甬，亦自地上出，色帛层袭，如华盖然，番名摩尼甬。栏杆后，中一间环以木栅，上有天井，以通光线，窗寮嵌以玻璃，棼下承以锦绣（仰而谛视，乃御赐衮龙黄缎袍料）。中栅有鋈金铜轿一，轿柱及楣牙间，皆虬龙，宛转承接，张牙舞爪，中供木雕佛像一，金面金袍趺坐；轿前有香案，案上供张金几、银几、金山、银壶、铜罏、洋灯、爵罍之类；左右有大绣花磁瓶各四，中插石制花卉及如意、贡香之类，共值数千金。楼后楣下，通悬五色帛，织成汉字《心经》，每方二字。傍楼后墙，以木为格，中一间，供古铜菩萨三十六尊；左右各二间，供金佛各五百尊。楼左右墙，阁庋经卷，卷袭以色帛，上充栋宇。栏杆前中一间，有铜制花门，鎏以金，中门悬大铜钹一；门前左右，有长几，几上置净水、铜盂及镫、罏百余枚。几前楼版，以僧徒朝夕膜拜摩掌之故，光明滑浏，履之欲跌。其余僧徒所居，穿廊连庑，层楼复阁，几于千门万户，不能名状云。寺有前清同治十二年，西宁办事大臣锡英所赠匾额，曰普济寺；又有御赐小金匾，在最暗处，仅辨同治三年数字而已。此据《游拉布寺记》录入，稍欠剪裁，然亦可睹西番崇拜宗教及建筑物质之大概云。

诵经之制，僧徒以此趺坐⑩，前置长几，上陈经卷。经卷皆粗麻纸写印，以色帛为帙，高者盈四五寸。诵时以鼓为节。有提经头者，坐于班首，名曰温则，皆老僧为之；有纠仪者，危坐班末，名曰穷成；有司杂务者，名曰白板。诵经自晨至暮，起居皆有定时，秩序颇严整。

白板三岁一易，由僧众公举，与穷成、温则共议寺务。

番酋管民务，寺僧理寺务，各不干涉，如百户为僧时，寺务亦得与闻。

寺院所得布施金，储为公款，每年派二人管理，名曰基哇。寺僧朔望令节或以特别原因诵经之时，则基哇供给肉、米、茶、酪之类，寺僧余日饭食，皆由自备。

基哇得以公款营业，得息分给僧徒。基哇除应得薪金，亦有余润。

寺厨有巨锅，圆径及丈，能容全牛数头，上下灶突以梯。特别会食时，则有人舁巨甬二至众僧前，一盛酥油，一盛米饭，僧各出怀中木碗，以油和米食之。

寺僧皆衣红色袈裟，冠红帽，如牛角形；夏时亦有冠白帽，似满清簾帽而无纬，上着蓝顶花翎者；皆着革靴，饰以红。

番俗，每庄必有塔，塔旁堆白石片为墙，石片上刻番文六字箴言（唵嘛呢叭咪吽）⑪，饰以五采，谓之摩尼石。番民富者，以出资镌摩尼为功德，有出至数千金者（番民业镌摩尼者日得值藏洋半块或一圆）；贫者以转摩尼为功德，男女老幼每值朔望令节，相率绕行摩尼，多多益善，亦有且拜且转者；老者多手摩尼橐落（铜制圆甬〔筒〕，高二寸，圆径三寸，中有轴可转，甬〔筒〕旁有耳，甬〔筒〕周或嵌宝珠，轴枢以蚌壳为毂，蚌壳刓敝，则功德完满），且行且摇且诵。关津路口，亦必有塔或摩尼石，行役之人过者，去从塔石阴，来从塔石阳，不偏行一面，亦以为转摩尼也。每遇邱垤、湖泊、大石，亦必绕行一周，以为公德⑫。如觉拉寺东之小山，拉休之人庆云错⑬（番谓湖泊曰错），中坝之索蚌羊宗⑭（译言索楚河边有灵验之石，在中坝得马族朝〔查〕午拉山之南），经过者必转一周。年老者转摩尼谓可修死路，有疾病者转摩尼谓可祓〔祓〕不祥，乃至凶恶负罪之人，亦以转摩尼为消罪盖愆之术。

番民尤以赴拉萨转普陀山，为有生之莫大之事，无论贫富、贵贱、老幼、男女，趋之如鹜。岁时扶老携幼，繈属累累，不绝于道；亦有童男童女，父母禁不令往，而自逃赴拉萨者。

寺院多以木为甬〔筒〕，大数抱，贯以轴，上属屋宇，下属之地，甬〔筒〕上裹以五色纸或野兽皮，推之使转，谓之摩尼甬〔筒〕。番俗有不为僧之人，男女老幼，行止、操作，诵经未尝少懈，即凶人暴客，亦口中喃喃不已。结古岁时，有妇女数十辈，聚坐中途，手捻毛线，口诵摩尼，梵呗云潮，如出一口。《汉书·食货志》里妇相从夜绩，各咏其情。古今华夷不同，而风习何其相类也？每村有净室一所，虽不及寺院弘敞，而较民居为洁，谓之摩尼室，中有僧一二人守之。凡非僧徒而愿聚俑经典者，岁时集于其中，男女老稚，百十为群。所诵皆浅近经典，二日一食，不言不笑，谓之抓捏耐⑮，此亦中国古来闾左设塾之风乎！

番僧往往穴岩枯坐，有数十年不下山者，番民最崇拜之，一举一动，辄往问休咎焉。问疾则赐丸药少许，问事以数珠算之，无所问即官长往见，亦不为礼。

番地出知母、贝母、冬虫草，华商多货焉，以故采掘者多。番酋不便也，或值疠疫，牛羊物故者多，辄云据高僧推算，因掘药断地脉之故，其迷信多类此。

校　释

①红教，旧教也　这种说法不确。藏传佛教的宗派，大者有四：甲、宁玛派，即旧派，俗称红教；乙、萨迦派，俗称花教；丙、噶举派，俗称白教；丁、格鲁派，自称为黄帽派、新派，俗称黄教。此处将萨迦派与宁玛派统称为红教，似嫌混淆。玉树地区内，宁玛派建有昂欠隆主寺、改加寺（尼姑寺）等；萨迦派建有玉树结

古寺、称多尕藏寺等；格鲁派建有玉树龙习寺、称多拉布寺等。

②噶举派为藏传佛教中注重口传的教派，它被称为白教者，乃由于修这派教法之人，都有穿白色僧裙的习惯，因而得名。这一教派主要有两大传承，一称香巴噶举，创自琼布南觉巴。一称塔布噶举，传自大译师玛尔巴及著名僧人米拉热巴，正式创立于塔布拉杰，支派繁多，有四大系八小支，共十二个派系。这一传承的噶玛派噶玛拔希（一二〇四——二八三）是创立藏传佛教灵童转世制的人。噶举派的大小派系在玉树地区都有传承，各有教区与寺院。如早已衰微的香巴噶举在昂欠东巴建有公保寺。塔布噶举十二个派系中，也各有传承，如噶玛派分布较广，建寺亦多，著名者有玉树班庆寺、称多先宗寺等；巴绒噶举派建有昂欠觉拉寺；周巴噶举派建有昂欠采九寺等；止贡噶举建有昂欠隆尕尔寺等；叶巴噶举建有昂欠豆那寺；宁多噶举建有玉树宁多寺；等等。

③劝为僧 "劝"似应为"勤"。

④寺院主体建筑物——经堂、佛殿的外表涂以不同颜色者，在于表示其所属的宗派。旧派一般涂纯红色，萨迦派则涂红、青、白三色竖条，噶举派涂成白色，格鲁派涂成黄红色。

⑤朵拉寺 应作"尕拉寺"。

⑥朵藏寺 应作"尕藏寺"。

⑦色巴寺 亦作赛巴寺。

⑧巴乜寺 亦作巴米寺。

⑨更拉寺 亦译作更那寺。

⑩以此趺坐 "以此"应作"以次"。

⑪六字箴言 "箴"应作"真"。

⑫以为公德 "公德"应作"功德"。

⑬人庆云错 通译作"仁庆云错"。

⑭索蚌羊宗 "蚌"前译作"溪"。

⑮抓捏耐 意为"守禁食斋"。

风俗

玉树社会之程度，其犹在游牧耕稼之间乎，其生活甚低，其族制未固，而迷信宗教乃最笃。观于宗教，则西番风俗，思过半矣。今以关于宗教者稍繁，自为一部，著其余为风俗记。

番俗无男女之别，女多无夫，人皆夫也；男多无妻，人尽妻也。其婚姻之组合甚易，男女相悦，即为夫妇，稍一反目，即琵琶别抱，掉首无情，男子亦不问也。然亦有行结婚仪式者，不数见也，有居结古十年之老翁言，仅见行婚礼者二次。定婚由男女自主，纳币以牛马，不亲迎，遣他人迎之；女家亦有数人送，至男家，亦无交拜仪式。所最异者，夫妇不同室而寝，若同寝，则以为大忌，其交媾皆窃为之。

兄弟往往同妻，女子能调和众男，俾无嫌隙，则乡里谓为宜其室家矣。

无夫之女，披发于肩，有夫则辫发以示别。

西番女子多而男子少，故一切劳苦操作之役，皆女子职之。内地委员兵弁至番，番酋派人供役，名曰汤役，多用女子充当，汲水，执爨，耐苦过于男子，然多淫佚无耻云。

亲老病则输财物寺院，请僧斋醮。死则请僧临尸诵经讫，僧取死者脑盖，盛一小箱中，庋之寺；乃裸尸，以绳缚手足，覆以布单，雇人负之山麓，子孙不往送。麓有竖木，系尸颈焉，僧徒乃环而诵经。时则鹘鸟云集，攒食尸肉，并骨咽之，俟食尽，僧徒乃散。鸟或不食，食或不尽，则以为不祥，仍诵经，以刀裂肉喂鸟，必食尽乃止，以为此天葬也。噫！野蛮之惨无人理，一至此哉！

喇嘛死，则火之，以灰和糌巴〔糌粑〕及各种药物为丸，投大水，充鱼腹，以为水火兼葬也。僧徒死，或火葬，或天葬，听喇嘛指挥。俗人非富者不火葬，以火葬需费多故也。

番人承袭产业之制，不重血统。无子或子为僧，则以女继之；或赘婿生子，或私生子，皆以为孙，无男孙或男孙为僧，女孙亦可继嗣；复赘婿，或私生子，听其自便，以至无穷焉。女兄弟之子，视犹子也，亦可承继产业。无子女及甥，则以产业输之寺院。

番人最重报仇。命案虽经罚服，而子孙报复相寻，数世不休。苟得剚刃仇人，虽俱糜亦甘，否则乡里不齿。惟两怨之家，因朝藏拜佛而相遇于拉萨，行握手礼，则仇隙俱泯，诈虞两忘。盖以朝藏为不世之事，因朝藏而相遇，乃不世之缘也。

甲村之人，杀乙村之人，乙村皆有报仇之义务。

男女终岁不沐浴，不栉发，蓬首垢面，狞恶可畏；女子又有面涂酥油及牛血者。男女皆不着袴，但服圆领皮袍，要（腰）束红带，而垂其褶以承物。富者里有亵衣，外有罩袍，如华服而宽大，贫者无之。

男子及壮者皆腰刀，刀皆直形，长二尺许，宽寸一二分，柄鞘有饰银及鋈金者，鞘末多嵌色石。刀贵者值至数百金，非见官长，不脱刀。又佩小刀一把，食时用之，又尝佩燧及鼻烟袋。

西番妇女不操针黹，男子多腰小包藏针，补绽时，则捻羊毛以为线。

帽圆顶襞积，而卷其缘，约三寸许，缘以狐皮，寒则下之。帽多红色，故俗谓之红帽国。靴多用革，饰以红，跣足着之。

男子许为僧者，幼即髡首。俗人多蓬首，亦有辫者。询之老人，云番故属蒙古时，皆蓬首，自清朝收抚后，始有辫者。妇女有戴蜡珀及珊瑚者，辫则贯以蚌壳及色石。僧俗怀中，均佩雕刻佛像，云可以辟恶。

食品以餹巴〔糌粑〕为主，时佐以牛羊。餹巴〔糌粑〕以酥油及茶下之。烹肉不甚熟，亦无盐梅；亦有不火食者。忌炒食，云炒则腥味招魔。饮茶杂以牛乳，和咸少许。牛乳菁华，谓之酥油，其渣滓谓之曲拉，番多下茶食之。

番地硗确而田少，青稞亦不易得，贫民多食牛羊肉及曲拉，时掘脚麻①食之。亦有种蔓菁而食其根者，叶以饲畜。

客来则进木匣一，中区为二，一盛馃巴〔糌粑〕，一盛曲拉，上覆以酥油，奉茶请客，随意和食。接迎官长，则以圆漆盒盛馃巴〔糌粑〕，上覆酥油少许。食时各有椀及刀，不相乱也，无箸，以手抟之。椀多用桦木及葡萄根为之，富者包以银。

西番有庐居者，有插帐者。室庐多据山麓。番地林少木艰，以牛自他处运木，至者皆短小，故规模狭隘，结构粗恶。多楼居，有四层者，墙壁皆用天然石板甃砌，凿壁以受天阳。屋宇皆平，无瓦，有漏以出烟。屋顶四周，皆有短垣，若垛墙然。盖西番无城郭堡寨，有事则据屋而守，颇不易攻。

屋上以木为丼，干悬五色绢印番文，名摩尼达雀。

屋内无床，席地而卧，以木为栏，有茵无被，寝则解带拥袍而卧。富者多铺藏织绒毯，或以氆氇裹麝毛为垫，贫者但用羊毛毡而已。灶突多在卧室中。

插帐多就地势避风，水草丰美处。帐用牛毛所织毯为之，撑以木格，维以皮绳，方形若覆斗然。大者宽广至三丈，帐外四周，堆牛粪或石为短垣，以闲牛羊马匹。中帐为灶，出灰处为主人卧所，添薪处为厮养卧所。帐脚排列牛羊浑脱，中储食物。门右堆粪为小圈，以藏牛犊、羊羔，帐外有犬三四，以警不虞。西番生活程度最低，而帐居较庐居尤苦，恶食恶衣，与牛羊同寝处，鹄面鸠形，无生人趣。每当阴风怒号，则帐房摆簸欲拔，粪土飞扬，眯目秽口，此内地人所不能一日居者，然番族则习而安之，不知为苦云。

番人行役，不携卧具，以马鞍为枕，马屉为褥，故番俗男子鞴马，妇女不得乘之。

番人徭役贸易，驱策牛只，男子率乘马，女子皆徒行。至水滨，女子褰裳径涉，男子终不与马令骑也，虽天寒时亦然。

番人见官长，以粗绢色绀为贽，名曰哈达，亦无跪拜礼，但鞠躬吐舌而已。

番社演剧，有扮龙、虎、狮、象者；有被古甲胄，挟弓、矢、刀、剑者；有着黄马褂，蓝顶花翎，如满清大员者。或曰，此年羹尧也，盖清初年大将军之威，颇震于西番云。其乐器有鼓，有锣，有锄，_{如平詹帽，对敲，其声勃勃然}。有喇叭，长者至二丈，二人舁之乃举。社剧皆寺僧为之。亦有驱除疠鬼之剧，束草和面为人，投之水中，埋死马头尾，鸣枪诵经以禳之。

番俗，每值令节，则有童男女数辈，衣鲜衣，至内地委员寓所，列为一行，投足而歌，提顿马铃以为节奏，曲折周旋，似内地之舞佾。所唱之歌，乃习闻内地之曲调，肖其声而不知其意，间有失误之处，则以番音足成之。亦有夫妇二人，挈其手鸣胡琴，参立而歌番曲者，呕哑嘲哳〔哳〕，更难为听矣。

番童戏博，有弹骨、掷骨、_{皆羊膝下衔结骨}。踢毽、射覆等类，又有象棋，阳刻汉文，阴刻番文。

番无尺，度量布随副之宽狭，折角等方为一方；量以内地十斤为一升；衡以二十四两为斤；计数以念珠为算具。以木烟为墨，和水盛小壶，削竹为笔。番有医，_{多用针灸}。有巫，有历（即循内地所颁布者，上具汉番文②），有干支八卦，有属相，亦信堪舆，盖皆传自内地者也。

番民许神牛羊，名曰才保，不剪毛，不杀，听其自死。汉人购食牛羊，番若不愿，辄藉口才保以拒之。盖番杀牛羊不以刀，以绳箝其口闭气令死，然后宰割，见汉人刃杀流血，以为残忍，故多不愿售也。

校 释

① 脚麻　今通译作"蕨麻"。

② 五十年代以前，玉树地区的历书，多由寺院按藏历推算编定后，张贴于寺院门上，亦有使用西藏编印者。周氏所记"循内地所颁布者"，传系清末赵尔丰经营西康，改土归流时，按《改革章程》及有关规定，曾颁布过藏汉合文的时宪历书，玉树地区亦曾一度通行，民初以后无人过问，逐渐废止。

实业

玉树各族之地，西北一带，荒寒广漠，积雪千里，其民皆以游牧为业，插帐而居，岁时迁徙无定；东南各族，地势较低，高山深谷，蔽风蓄热，虽土质碛确，而阳坡奥湾，往往可田，其民耕牧相杂，结庐而居，有土著之风焉。统观各族生活程度，盖由游牧社会进而为耕稼社会之时也。其于工商实业，盖甚窳陋无可道，然其相资相待之制，又有不得而略者。述实业记，而以物产附焉。

渔业

番人迷信宗教，忌食鱼。然通天河流域，每当春水泮涣之时，鲨鲤①极多，有长二尺，围径三四寸者，土人辄渔而售之客，客少则无渔者，盖不视为生业也。其取鱼罕用钩网，或以石击之，或以木刺之。盖番地渔者甚罕，故鱼亦忘机而易得也。

猎业

番地多野牲，而鹿茸、麝香、猞猁、熊、虎、狐皮之价值亦高，故从事猎业者甚多。其具多用鸟枪，枪皆有扠，用以瞄准。番人视觉亦甚敏，能于数百步外，别草间伏兔之动耳者。番酋往往封断山林，禁部民采取。

矿业

娘磋滨河之区，多产沙金。土著及客户欲往采者，皆须纳贿于娘磋百户。其淘拣之法，亦甚拙陋，一夫竭日之力，所得或不能一饱。扎武产铅及雄黄，苏尔莽、格吉、中坝一带，皆产煤。格吉杂曲河滨产翠玉石，又往往为番酋封禁，不得采取，谓其凿地脉也。

畜牧

番族十九，皆从事畜牧。家有牛、羊、马匹，而牛最多，羊次之，马又次之。问人之富数畜以对。挏乳以为酪，缀皮、捻毛以为衣，又斥其余，以易所无。牛有耕牛、食牛之别，食牛谓之蔡牛②；耕牛亦可运载，丰毛大尾，锐角高蹄，日行五六十里，所谓氂（牦）牛者是也。牛一头值银七八两。羊有白黑二种，白者一头值银八九钱，黑者一头值银五六钱。马上者值百金以上，次者五十金以上，又次者二十金以上，然皆小，其上驷仅当内地之下驷云。

森林

番地风高气寒，地多斥卤，植物鲜少，童山荒谷，所在皆是，古人所谓铁围者是也。囊谦、苏尔莽地，间有森林，皆天然松柏，可供建筑。番人不务种树，亦谓有碍风水。

噫！番族百务皆劣于内地，独迷信堪舆家言，步武恐后，何其偾（颠）也！

稼穑

田多沙砾，掘地数尺皆然。粪田以马矢。犁田之法，以横木缚于两牛之角，中属长木引犁，知用头力而不知用肩力，番人之愚如此！岁二月晦、三月朔，为播种青稞之时，五月草生始耘，八九月收获；四五月，种蔓菁。农事亟，则寺僧多请假归家，协力南亩，亦犹内地村塾之忙假也。

地独宜青稞，唯拉布寺附近，有种麦者。今列可田之区如左：

通天河流域　自协曲水口以下，沿河两岸及固察、称多、拉布、歇武、义曲、结古曲诸水滨，皆有田。

以上可田之区，除供本地各族食粮外，其加迭喀桑、娘磋、玉树各族食粮，均仰给于此。其交易以牛、羊、皮毛、酥油。

子曲河流域　自吹灵多多寺以下，始有田。姜云、药曲、曹曲等水滨，皆有田。

杂曲河流域　自觉拉寺以下，始有田，以强喜云为最多，地稍腴。

巴儿曲河流域　无田。

鄂穆曲河流域　自村沙百长③属地以下，始有田。

以上可田之区，除供本地各族食粮外，其中坝、格吉各族食粮，均仰给于此。

西番量地无亩数，以播种之多寡为差。大率上地下种一斗，收获十倍，中地七八倍，下地四五倍。耕种地段，岁易其处。有一易者，有再易者，犹古辕田之制也。

附玉树寒暑比较表

测地：结古　测器：摄氏表

月别	平均温度			雨雪变化
	早	午	晚	
正月	零下六度	十三度	零下三度	零下十九度
二月	零下三度	十五度	三度	零下十四度
三月	五度	十六度	八度	零下五度
四月	五度	十八度	九度	零下六度
五月	八度	十九度	十四度	零度
六月	十五度	二十三度	十九度	四度
七月				
八月				
九月				以上三月在途未测
十月	零下七度	十四度	零下三度	零下十五度
十一月	零下十二度	十二度	零下六度	零下二十六度
十二月	零下九度	九度	零下五度	零（下）二十六度

按玉树地虽高而纬度偏南，若非风雪变化，当较兰州为暖。

工业

有木工、铁工、皮工、抟埴之工、设色之工、缝衣之工，多川边客民为之。土人能织毛为罽，然甚粗。

商业

番族生活甚低，交通不便，居民往往以实物相交易。结古为玉树二十五族走集之地，然商贾多川边客番，及川、陕、甘汉人，土人经商者甚少。各族亦无常设市场，其交易也，约有一定之时间、地点，略如内地乡镇之集会焉。今采各族商人会集地点、时间，列表如左（下）：

番商会集时间地点表

时间	族分地点
旧历正月十二日至十五日	扎武新寨、竹节喀耐寺、迭达庄、觉拉寺
二月十二日至十五日	拉布寺、惹尼牙寺
三月二十八日至二十九日	结古寺、歇武寺、朵〔尕〕藏寺
四月初七至初十日	称多东周寺
四月十八至十九日	竹节青错寺
四月二十八至廿九日	竹节寺
五月初七至初八日	拉布寺
五月十四至十五日	禅姑寺
七月二十七至二十八日	陇喜寺
八月九月	结古大市
十月初七至初十日	班庆寺
十一月十五日	朵〔尕〕藏寺
十二月十三日至十五日	新寨

玉树货币，均用藏圆。藏圆乃印度所用英币，展转流布于二十五族者。每圆合内地银三钱一分二厘五毫，别无辅币，即以藏圆二分一，三分一，四分一等小角，为畸零之用。重价以银若干秤（一秤五十两）④计算，合藏洋一百六十圆。亦有成都所铸之币，重如之⑤。

零星贸易，计算物价，不以实物之单位为准，而以货币之单位为准。如云藏洋一圆，买桑皮纸八章，而不云每章值银若干，盖因无辅币，不便计算故也。

每金一两，兑藏洋一百圆。借银一秤，月息二圆或三圆，契约或有或无，此汉商在番之规例也。番民有借青稞一升，来岁以三升偿之者。

结古诸物昂贵，惟自藏运来之印度货，反贱于内地，可以知英商之势力矣。

物产绝少，植物仅有松、柏；动物有马、牛、羊、骡、驴、犬、猫；野畜则有狼、狐、鹿、麝、猞猁、沙狐、马鹿、黄羊、青羊、马鸡、野马、野牛、兔；羽族止有鹘、乌、雀、鸽；水族仅有鲨鲤⑥而已。

商货输入品，有自西藏来者，曰：

氆氇、藏红花、靛、阿味、硇砂、鹿茸、麝香、茜草、野牲皮生、羊皮生、羔皮生、藏糖、硼砂、桦木碗、藏枣、乳香、藏香、雪莲、蜡珀、珊瑚、铜铁丝、铜铁板及条、铜锅、铜壶、颜料、药材、小刀、咸灰，自三十九族来者，岁至数千担，番用以和茶。桑皮纸、经典、洋磁器、菜盒、锅、碗、钟、杓之类，皆自印度转来。洋斜布、洋缎、洋线、鱼油、蜡纸烟，以上六件皆印度货。帽子皮、呢狨布、坎布。以上三件皆俄货。

有自川边打箭炉来者，曰：

茶、岁至十余万驮，多数运销西藏。洋布、绸缎、纸类、生丝类、哈达、类白色粗绢，番用为赞见物。酱菜、海菜、糖、磁器、白米、熟牛皮、纸烟、孔雀石。出陕西。

有自甘肃西宁、洮州来者，曰：

铜铁锅、铜火盆、锅撑、白米、麦面、大布、挂面、葡萄、枣、柿饼、粉条、磁碗。

其特别输出土产，曰：

鹿茸、各族皆有，玉树、娘磋、格吉最多。麝香、各族皆有。冬虫草、扎武、苏尔莽、囊谦、格吉产，夏则为草，冬则为虫，其根类蚕而有角。大黄、知母、扎武、苏尔莽、格吉、囊谦皆产。贝母、同上。野牲皮、各族皆产，虎、豹、熊、狼、鹿、狐、沙狐、猞猁、马鹿、野牛、野马、野羊皮皆有。羊毛、金、出娘磋，皆沙金也。色航寺附近出金矿，采者多固察、安冲之人，每矿丁一名，岁纳地租金一分。

其未经采取物产，曰：

铅、扎武产。雄黄、扎武产。翠玉石、产格吉杂曲河滨。煤、产苏尔莽、格吉、中坝一带。石膏、车前子。

其仅供土人所用之产，曰：

盐、有红、白二种，产囊谦、苏鲁克、格吉。野蒜、即荸荠。

按结古过载货以茶为大宗。茶产四川故雅州府六属，俗名穷八站地方。销售西藏及海南各番族。贩茶者多系川番夥尔族人，番中通称夥尔巴，又称夥尔喀奄。按番谓地方曰喀，谓数之五为奄，夥尔喀奄，译言夥尔五族地方也，即今章谷、俾倭、甘孜、白利、猰坝擦[⑦]等处地方。其资本皆出自番寺。番寺财产，由喇嘛推择所信之人管理，每三年或二年一易，名曰会首。会首得以财作资本，营业所得花息，除分给寺僧外，余以自赡，唯不得亏本，亏本则籍没其家财以为偿，川边、海南番寺皆然。茶至铲城，始认官课，共十万零八千引。每引五包，每包四碗，每碗五斤。纳课银一两二钱五分，税银每包三钱。由铲起运，每六包为一驮。二十四碗，以生牛皮包为二大包。每驮价银及包皮费，约共十二两上下，雇牛运至结古，每驮脚银及沿途税银，约共六两上下；由结古雇牛，运至拉萨，每驮脚银四两至五两。每值换脚之地，每驮须给该地头人银约二分上下，并督运人旅费计之，每驮铲茶，运至拉萨，成本共值银二十五两上下，售藏银八十两至百两不等，合华银五十余两至七十余两。藏银成色不足，每一两五钱，准华银一两。是获息在倍称以上。总计十万零八千引，共九万驮。据结古商人称，年年运往拉萨者，约在五万驮以上，是多半销于西藏，而少半销于川边及海南各番族也。以五万驮计之，共值本银一百二十五万两，获息当在一百三十万两以上，而回运藏货，其利更不资⑧矣，是茶乃川边之一大利源，而西藏所不能不仰给于内地者也。昌都本由𬭁赴藏之大道，茶商以山路峻险，又艰于雇牛，故取道结古，以期省便，是结古为茶商必由之路明矣。茶自𬭁城起运后，除甘孜、邓柯两县，略征税银外，每八驮收银三钱，两县皆然。一至玉树，通行无阻，唯扎武等百户，每百驮收藏银四圆而已。即上所谓换脚之地，给头人银也。将来如有经略玉树者，筹款之策，此其大宗已。

校 释

①⑥ 鲨鲤　即裸鲤。

② 蔡牛　"蔡"应作"菜"。

③ 村沙百长　即《部落记》中之葱沙百长。

④ 秤　藏语称为"多材"。

⑤ 十九世纪末以来，随着英国对西藏的军事、政治、经济侵略，印度货币卢比大量流入西藏，并在川边及玉树地区流通，我国军民都蒙受损失。赵尔丰经营川边时，为抵制印币，报请清廷批准，于宣统元年仿照卢比大小，以银二十万两，在成都铸造重三钱二分的藏元，在康区行使，并铸当十铜元一千万元作为辅币，规定以铜元四十四元合藏元一元的比价流通使用，迫使印币绝迹于市

场。民初以后,辅币铜元逐渐停止使用,只有藏元流通。

⑦ 倬倭　通译作朱倭,狨坝擦通译作绒巴岔。周氏此处所记"按番谓地方曰喀"有误。喀为ཁག་之译音,此处意为"部落"。"夥尔喀奄",意为夥尔五部。

⑧ 其利更不赀矣　"资"应为"赀"。

掌故

番文皆经典，罕历史。自来番案本末，具详西宁档册，以保存无法，多放佚不完。长老所传，皆近世以来之事，著其略可道者，为掌故记。

同治元年，循化南番拉卜楞遣兵至玉树，胁令各土司属己。诸小弱土司，皆听命。兵至囊谦，囊谦抗之，互有杀伤。已而内地花门变起，拉卜楞乃敛兵还。

光绪十六年，川边土司德尔格①赴藏，往来皆取道囊谦，强索供应。囊谦诉于西宁，转奏中央，饬川、甘派员查办。令德尔格与囊谦偿所费银，事乃已，并饬各守界址，不得越境滋事。

中坝班马前百户死，无嗣，麦马百户以其子继嗣，意欲并有班马之地。班马根纳寺②喇嘛不愿也。旋麦马百户家人八口相继死，所立继嗣班马之子亦死。议者皆以为根纳寺喇嘛所咒也。麦马百户诉于囊谦千户，因无实据，未便根究，而班马族人既不愿属麦马，乃令洞巴百户暂管班马之民。麦马百户讼不得直，遂伺根纳寺喇嘛过迭亚寺时，抉其双眸子，喇嘛负痛逃匿得马族地方，根纳寺既失喇嘛，寺僧遂散，由此班马、得马，时与麦马冲突云③。

  囊谦北赴结古，拉休为必经之路，而拉休于千户过境时，不支乌拉。初拉休百户有妹，美丰姿，有为千户作合者。拉休百户颇狭愿，已而千户竟他娶焉，拉休百户之妹，恚而为尼。又囊谦千户事务，多由清博、洞巴两百户主持，而清博百户所属顾强云之地，拉休百户谓原系己属，争执莫决，由是拉休与囊谦有隙。

  禅姑寺本白教，而寺僧乃扎武三族及迭达、拉休各族之人，性质复杂，故屡生枝节，不似结古寺僧之单纯云。数年前，扎武与迭达搆衅，结古寺一僧童被迭达戕杀。结古寺僧大起公愤，谓尔与百户搆兵，于寺僧何与而杀之乎？迭达辞屈，乃像所杀童子，铸金人一，纳结古寺以平，实则铜铸而鋈以金者也，现存结古寺，而两族宿憾，至今未释。

  拉休百户谓吹灵多多寺为所属之百长，而吹灵多多百长以伊昔本独立，后拉休百户恃强陵（凌）弱，向伊强收差贡，伊无力抵抗，姑与羁縻勿绝云。考旧志，吹灵多多百长本独立，与拉休又未毗连，中隔苏尔莽族云。

  番俗，甲族逃降乙族，甲族不得诘问，否则，乙族全体抵抗，以为侮己也。前扎武富民有以刀击伤人者，番例，伤人者须交凶器于百户，富民之刀，宝刀也，后以他刀易之。又有贫民借佩他人刀以争忿击伤人者，百户收其刀，贫民请援富民例，以他刀易之，百户不许。贫民恚，以为富则己有之刀，可以他刀易，贫则借人之刀，亦不许易！遂伏路旁大石后，伺所伤人过，以鸟枪毙之，挈家逃降喀赖④百长，扎武百户无如何也。

凡寄居他族者，对于本族仍有纳税、服役之义务。

甲、乙百户有互换族民之事。前拉休民有在扎武为铁工者，扎武族民亦有在拉休插帐者，两方议易其民。拉休百户以铁工出息较平民为多，扎武乃纳银五十圆于拉休，乃得易焉。

番地抢案多而窃案少。其行抢者，多系旷野游牧之人，所抢掠者，多系马、牛、羊之类。盗伙多至数十人，出人不意，抢牛、羊、马匹而去，驱至旷野放牧，少人不敢追，多人追之，则拔帐驱畜远去。所以娘磋、玉树、格吉及扎武属之哈秀节综咱〔扎〕曲喀娃之阿灭六瓦⑤强盗最多。

喀耐百长原属永夏，歇武百长原属竹节，近均以距该管百户辽远，渐不受节制云。

称多、固察、娘磋、迭达、安冲、拉布各族，均有川番杂居，而称多、拉布最多，皆訾窳刁狡，不受称多等百户之节制云⑥。

称多百户昂朵乃前百户之甥。前百户在时无子，许以昂朵嗣百户职，故两遣赴西宁，见钦差焉，钦差赏给顶戴。前百户有幼女，拟长而妻昂朵，昂朵渐壮有外遇，前百户不悦。昂朵恐前百户将别赘婿而己不得嗣职也，遂请析产分居，百户不许，益不悦昂朵，于是甥舅嫌隙日深。昂朵性狡而勇悍善斗。先是迭达百户柴朵拉梭与称多争地，搆兵屡败，遂诱致昂朵而说之曰："汝舅意已别属，汝尚为力战乎？"昂朵惑之，遂与迭达连合，倒戈攻其舅。称多百户就近诉于川边色秀委员。色秀派兵逮捕迭达百户及昂朵。二人逃匿，扬言赴藏。川兵遂焚掠迭达百户之家，<small>迭达百户富于赀，藏镪甚多。现各族行使藏圆面有黑班者，皆焚掠后出现者也。</small>并攻改锁寺，以昂朵曾住此寺也。未几，川兵归，昂朵遂潜至称多，刺杀百户。百户酗于酒，醉辄操兵器逞狂，家人畏之，时其饮酒，则藏兵器于他处。被刺之前一夕，百户醉焉，故盗来无以御也。昂朵既杀其舅，遂与迭达百户实逃于藏，川兵复至称多，索凶手于囊谦千户。千户遂据情诉于西宁，西宁转奏中央，饬川边边务大臣赵尔丰查办。赵以色秀委员办理不善，反滋事端，斩二人于称多，此前清宣统二年事也。宣统三年七月，西宁派管带侯某前往结古查办此案。二逃人未归，无从着手。民国元年，侯归至大河坝卒。

初，娘磋百户布磋，有子曰济美秋加，为人懦弱。济美秋加同母异父兄曰山珍汪加，狡而悍，兄弟不相能也。济美秋加乃率番民三百户，寄牧哈秀百长地以避之。居九年，布磋死，济美秋加将归嗣百户，而山珍汪加杀济美秋加之弟，自称百户。济美秋加不敢归，乃率五十余户，逃居歇武百长地，余民皆为山珍汪加所有。宣统三年，侯管带至结古，济美秋加因诉其枉。侯管带派兵摄山珍汪加至结古，将以济美秋加为百户，而舌人用事，双方索贿，贿足乃纵山珍汪加归，济美秋加仍还歇武。民国三年，马彦虎以兵纳济美秋加于娘磋,山珍汪加逃匿,终不得其要领而还。娘磋色航寺附近,故产金,以是娘磋百户富甲二十五族。济美秋加自其父布磋在时,有金千两,银四千两,他物称是,逃居歇武时不及携带,由其侄色航寺僧藏巴普瑳暂为代管。民国三年夏,普瑳死,财产皆为山珍汪加所有⑦。初,娘磋百户典巴王死后无嗣,其族豪班阿遂为百户,赴藏,被鸦龙人鸩死,其弟东朗嗣为百户,已为果狢〔洛〕番所杀。班阿子普磋时为僧,众推为百户。初,东朗之妻曰索郎折马,生子曰山珍汪加。至是普磋复妻索郎折马,生二男,曰济美秋加,曰德庆汪加,又生二女,曰马卓玛,妻称多百户昂朵,曰扎样,妻休马百长东朵之长子。固察之与娘磋搆兵也,以血统之说,为间于山珍汪加,山珍汪加遂倒戈攻普磋,不克,乃杀德庆汪加,率娘磋民数百户,逃居哈秀百长地寄牧焉。居九年,普磋死,山珍汪加以色航寺僧之援,遂入为百户。济美秋加率数十户逃居歇武百长地以避之。济美秋加恃称多、休马之联姻,屡讼于官,竟不得直。

  扎武属哈秀、节综两百长,原皆独立,在义曲河上游,与扎武地隔绝,_{中隔迭达。}与玉树、娘磋毗连。初,济美秋加之寄居哈秀也,有民三百户,及其逃居歇武也,仓卒(促)止与五十户偕,余民在哈秀者,皆为山珍汪加所有,并哈秀属民百余户裹胁而去,扎武百户未敢问也,民国三年,哈秀余民四十余户,将全数拔帐往投娘磋,节综族人报知扎武百户。是时马彦虎在结古,任户请马派弁率番兵数十人往遮之,至则哈秀余民已全数严装待发矣。去弁遂全数督驱,拟至结古问罪。行至科云,哈秀民皆叩首服罪,愿从此永为扎武百姓,请附近寺僧保,任始放令回部。

  民国三年,川边经略使尹昌衡委员至囊谦(川名隆庆)

胁令投诚。千百户以故属西宁，非同化外，何言投诚？然畏其逼，姑应之，而遣人诉于西宁。西宁据情转电中央，时川边已得请于中央，准隆庆归川管理矣。盖川边指隆庆为瓯脱，亦不言隆庆即玉树二十五族之囊谦千户，朦混呈请，故中央不知而从之，而西宁之电，但云玉树不愿归川，又但云囊谦，不曰隆庆，中央误以为二，遂电令玉树归甘，隆庆归川，饬由川、甘两省派员画界。时川派石渠县知事某，而西宁已先以番请不休，派管带某率弁兵二十人至结古，时民国二年冬也。彼此以口角起衅，遂致大起冲突。十二月，川兵由石渠来攻，宁兵七人及扎武兵数十人御之新寨，互有伤亡。无何，川兵退，放掠杂西科一带。民国三年二月，川兵第十一营营长某，率兵突占称多之朵俺庄，庄民皆惊逃四散，川兵缚笞庄民，勒索供应，称多人怒，攒兵抗之，不胜，死二人，称多民益纷窜，川兵乃大纵焚掠，番民财产，荡然一空。初，称多百户昂朵，以旧案未结，常匿不出，其弟为改锁寺僧，昂朵常过留焉。至是，川兵求称多百户不得，意改锁寺庇之，将攻改锁寺。寺僧惧，求援于西宁兵。西宁兵十二人，由通天河西赴援，至则川兵已焚寺屋数所，寺僧逃尽。西宁兵出不意，猛扑之，川兵惧，奔回尕（朵）俺庄，所掠财物，大半遗弃。西宁兵折回结古。已称多民又苦川军苛暴，请救于西宁，西宁兵十二人，率番兵三十余人，由拉布寺逾山逐之。时川兵及色秀番兵共百余人，在山半安卡御之。旧五月十四日，两方开礮，自晨相持至午后，西宁兵夺据川卡，川兵死伤数人，西宁兵一什长中枪毙，又一人腿中伤，坐不能起。时川援兵大至，西宁兵弹尽引退，中伤者仓猝（促）不能偕退，遂尽发所携弹，顿枪于石坏之，徐拔佩刀自刭。川兵至，皆叹其壮，遂断什长及自刭者头，倒悬其尸多日。川兵扬言分数路攻击结古。闰五月十五日，某管带奉严檄回宁。时川边委员李某亦奉檄撤回，改委同普县知事李銘为隆玉划界委员。甘肃派边关道尹忠武军统领周务学为玉树勘界大员，以三年冬抵结古，派随员某某等四出调查讫，遂具呈玉树二十五族囊谦千户为之长，隆庆即囊谦之转音，玉树本二十五族中之一部，相沿既久，以专名为公名，正犹陇名之名甘肃也，并言玉树不可归川之情形⑧，呈由甘肃将军巡按使张转详中央。民国四年五月初九日，奉大总统令，玉树向归甘肃西宁管理，近因川边多事，遂生争执，着仍甘肃西宁管理，川边不得再行干涉；所有该族千百户应得号纸，应查具名数，呈由蒙藏事务局请发；并宣谕喇嘛，尊崇黄教，以副绥辑边氓之意等因，奉此，自此玉树二十五族归甘肃西宁管理。

校　释

①川边土司德尔格　德尔格为部落之称谓，非人名，应作"川边德尔格土司"。参阅《部落记》中沙百长条及《清实录》，光绪朝，卷二八三。

②根纳寺　即更那寺。

③此事纠缠多年，二十年代以后，中坝麦玛部落，凭其财势，多方勾结，终吞并中坝班玛部落为其所属。更那寺僧曾一度逃亡，但后来逐渐返寺，依违于中坝麦玛及得玛之间。

④ 喀赖百长　即喀耐百长，通译作"卡纳"。

⑤ 阿灭六瓦　即阿乜如瓦（阿尼如哇）。

⑥ 按"川番杂居"一事，乃达鼐勘界之后发生者，多为德格土司属石渠、邓柯等处逃户，寄居于称多、拉卜、固察、娘磋、迭达、安冲等部。时间既久，遂成为定居，自成一个部落，名曰"文保"。二十年代之前，不承担赋役，以后与称多部落结成一体，承担象征性的差徭，部落之名，称为"称文"。三十年代以后，文保被升格为百户，但赋役仍与称多混在一起，形成畸轻畸重现象，称多部落颇为不满。1943年，由当时青海南部边区警备司令部派员深入调查称多、文保两百户部落实有户口，并分别征询称多、拉卜、固察、娘磋、隆布（迭达）、安冲等部及文保部落意见，对其应承担的赋役，作了适当的调整。1949年秋，由于位于拉卜、称多之间的文保部落江户如哇归属问题，德格土司所属头目夏果刀登曾率部至结古禅姑寺寻衅械斗云。

⑦ 玉树地区于1915年由北洋政府确定仍归甘肃西宁管辖后，设置理事员，管理行政事务，并由西宁镇守使兼蒙番宣慰使马麒设立玉树支队，驻军防守。各部落由于负担加重，普遍不满。1916年，娘磋部落抗拒赴黄河沿转运军粮，驻军支队司令马玉山进行镇压，娘磋牧民死七八人，山珍旺加率一部分牧民，逃往长江源头、黑河一带，旋归牧娘磋。1922年，娘磋及邦贡寺联合反抗日益加重的剥削，又受到玉树支队司令马步洲的镇压，娘磋牧民死十余人，山珍旺加率牧民三十余户，复逃亡于长江源头，旋死于该处。原娘磋部落分裂为上、下两部，各有百户。流亡的牧民由山珍旺加之子夏日智叩与然江智叩率领，在江源一带过着极其艰苦的生活，许多小孩竟不识炒面为何物！1943年，青海南部边区警备司令部派员宣慰，夏日智叩等始返回娘磋。

⑧ 参阅附录二，周务学《查勘玉树界务报告》。

考证

玉树各族之栖息于海南也,谅匪伊朝夕,乃入前清而后著于图志,何哉?诸家所载,又人人异辞,其称地名也互岐,其为数也屡迁,是以陇蜀争执,逾年而不能决。余至结古,访问长老,参以图志,然后知其异同分合之故。述考证记。

《卫藏通志》卷十五载,西宁管辖四十族住牧地界:

阿里克族,共十一族,属下番人九百一十九户。东至多尔宗、察汉诺门罕、南至纳克溪、色特尔布木;西至厄林汤奈;北至阿尔坦、达赖呼图克图①。

按阿里克原驻可可乌苏,与白佛

（即察汉诺门罕）同司黄河渡口，后因道光初年南番之乱，移驻大通河北，由西宁直接管理②。

蒙古尔津族、雍希叶布族③，二族属下番人五百一十一户。东至敦春木格尔则；南至斜乌（即扎〔歇〕武）、称多；西至查库哈扎海、甲木磋（即娘磋）；北至殿通。

按蒙古尔津后来分出竹节族，近又分出白力登马族；雍希叶布一作永沙普，今称永夏。

玉树族，属下番人五百零四户。东至哈拉果尔地方、牙木错④；南至波罗诺尔、白利；西至多册地方、格尔齐（即格吉）；北至图尔哈图。

按玉树后分为四族：曰戎摸，曰将赛，曰总举，曰鸦拉。而戎摸近又分出日娃族。玉树一作由受，一作一系。

噶尔布族、苏鲁克族，二族属下番人一百三十二户。东至阿拉麻纳，南至麦冲噶隆木，西至恰克班，北至雅木冲。

按《西宁府志》，噶尔布族住牧玉树界内途胡尔托罗海地方，与此异，今不可考。

尼雅木错族，属下番人二百八十八户。东至都格东纳、蒙古尔津；南至墨索刚郭地方、谷咱（即固察）；西至果哩噶巴、白利喇唠；北至哈喇慕尔图、玉树⑤。

按尼雅木错一作年错，今称娘磋。

固察族，属下番人一百七十五户。东至克拉地方、称多；南至陇拉地方、隆布；西至木鲁乌苏河；北至莫索克更固地方、牙木错。

称多族，属下番人三百七十四户。东至毛瓦克地方、蒙古尔津；南至准布隆达克、达乌（即扎武）；西至京崖地方、隆布；北至莫索克、雅木错。

洞巴族，属下番人八十户。东至厄牙克地方、冲科尔；南至喇木勺地方、楚林；西至多梯地方、阿拉克硕、达乌；北至拉几木道、达乌。

按洞巴后附属囊谦，在千户前办事。

多伦厄托克安图族、阿萨克族、克列王族、克阿永族、克叶尔济族、克拉尔济族、克典巴族，七族属下番人共四百零八户。东至木鲁乌苏河沿；南至达野地方、达乌；西至赛玉绿渡尔、玉树；北至舒克提的、尼牙木错⑥。

按多伦厄托克云者，役属蒙古时之名也。七族今并为安冲一族，安冲即安图也，一作南兔。阿萨克等六族，各有百长一名，而安图有百户一名，百长一名，似收抚之初，安图已有统一六族之势，特旧志详列其名，以为七族，今则统称为安冲一族耳，其细部仍如故也。

隆布族、上隆布族，二族属下番人三百零一户。东至受地方、蒙古尔津（按受字上下当有脱字）；南至波罗克、阿尔克硕；；西至库尔拉地方、白利；北至北古甫地方、称多。

按隆布二族，今合为迭达一族。迭达本隆布所属百长，后杀隆布百户而夺其职，遂以迭达名其族焉。今迭达所属之三百长中有龙媒百长，岂故隆布百户之后欤？

扎武族、上扎武族、下扎武族、扎武班右族，四族属下番人共六百二十一户。东至卓木楚地方、冬巴；南至熊拉地方、阿拉克硕；西至白的地方、龙布⑦；北至洮腊地方、得尔吉。

按今扎武三族：曰扎武，曰拉达，曰布庆。班右据《西宁府志》，当作班石为是，胡文忠《一统舆图》作班诗，今又称节综，附属扎武。

上阿拉克硕族，属下番人一百三十三户。东至阿尔拉地方、扎乌；南至力地方（力字上下当有脱漏）、苏尔荠；西至阿拉著地方、格尔吉；北至噶布地方、玉树[8]。

据《西宁府志》，上阿拉克硕族之下，有下阿拉克硕族，此系脱漏，以四十族之数计之，亦缺一族，其为脱漏无疑。二族今并为一，曰拉休。

上隆坝族、下隆坝族，二族属下番人三百零三户。东至噶受地方、南称族；南至郭称噶地方、赛尔色；西至巴乌苏木多地方、刚鲁；北至萨木、格尔吉族。

按隆坝今称中坝。上隆坝，即今中坝麦马族也，下隆坝，即今中坝得马族也，后麦马族又分出班马族[9]。

苏尔莽族，属下番人三百五十户。东至拉厄喇克、涠（疑洞之误）巴；南至玉尔纳噶尔米格鲁；西至岳尔尼地方、南称；北至楞达地方、阿拉克硕。

白利族，属下番人五十五户。东至布木地方、尼牙木错；南至木鲁乌苏河；西至哈拉果尔源、玉树；北至力拉彦纳哈。

按白利百长属民，距今若干年前（番民称已数世矣），投迭娃云（即藏），此据玉树总举头人之言。

哈尔受族，属下番人三十户。东至噶泌革泌、隆布；南至阿族（二字疑衍）、阿拉克硕（族上当脱硕字）；西至阿拉力木界；北至力木亲界。

按哈尔受今称哈秀，附属扎武。

登坡格尔吉族、下格尔吉族、格尔吉族，三族属下番人共八百十三户。东至克多地方、阿拉克族[10]；南至萨白地方、隆布；西至阿喇坦宁地方、玉树；北至拉克布拉地方、南称[11]。

按格吉三族，即今格吉麦马、班马、得马族也，近得马族又分出拉错族[12]。

巴彦南称族、南称桑巴尔族、南称隆冬族、南称卓达尔族，四族属下番人二千零二十户。东至岳尔厄⑬、苏尔莽界；南至客木达⑭、察木多界；西至达尼尔苏鲁隆、璊巴；北至甫卡山梁、阿拉克硕。

按南称即囊谦之转音，桑巴尔以下三族，其名皆不可考。今囊谦千户所属四百户，除洞巴原自为一族，后附属囊谦外，其余清博、阿夏、加萨三百户，云自收抚之初，即属囊谦。桑巴尔等虽各自为族，而皆冠以南称之名，疑即清博等三百户矣。桑巴尔一作桑色尔，卓达尔一作绰火尔。

吹冷多拉族，属下番人三十户。东至拉木力界，南至尔星地方，西至多楚地方，北至多格木多地方。

按吹冷多拉族，即今吹灵多多寺百长，附属拉休。

巴彦南称界内住牧喇嘛，属下番人五十户。

按此即《西宁府志》所谓南称边界喇嘛觉巴拉族，于差官会盟之时，听差送文，免其纳马者，今之觉拉寺是也，而所司废弛已久。

拉布库克住牧喇嘛，属下番人二十四户。

按此即《西宁府志》所谓喇嘛拉布族，在木鲁乌苏河边，承当济渡之差，免其纳马者，今之拉布寺是也。后以距渡口稍远，司渡之事，遂由扎武蓝达百长经理。

以上四十族，共八千四百四十三户。（余见政治门）

《西宁府志》塞外贡马番族

玉树等处番人三十八族，共八千三百零四户。

住牧东提地方阿里克族，郡城南七百余里（郡城谓西宁城），百户二名，百长九名，番人九百一十九户。

住牧扎苦地方雍熙叶布族，距阿里克四百余里，百户一名，百长二名，番人一百二十二户。

住牧蒙古尔津地方蒙古尔津族，距雍熙叶布族五百余里，百户一名，百长四名，番人三百八十户。

住牧楚贡地方多洛尼托克南兔族，百户一名，百长一名，番人一百二十二户。

住牧多洛尼托克地方阿萨克族，百长一名，番人三十九户。

住牧多洛尼托克地方列玉族，百长一名，番人四十六户。

住牧多洛尼克地方阿永族，百长一名，番人七十八户。

住牧多洛尼克地方叶尔吉族，百长一名，番人四十四户。

住牧多洛尼克地方拉尔吉族，百长一名，番人三十三户。

住牧多洛尼克地方典巴族，百长一名，番人三十户。

以上七族距蒙古尔津族三百余里。

住牧蒲肚克地方尼牙木错族，距多洛尼托克七族百余里，百户一名，百长四名，番人二百八十七户。

住牧苦苦乌苏地方玉树族，距尼牙木错族三百余里，百户一名，百长十一名，番人五百四户。

按总举番目，称达大臣招抚之初，玉树有十二族。其说与此百户一名、百长十一名者合，盖玉树百户、百长，各有土地人民，不相辖也。又称，现在止有九族，盖合戎摸、将赛、总举、雅拉四百户及巴拉、夏西、布湫、插哈、邦九五百长之数耳。又称其余三族，温博被果洛〔洛〕抢劫失散，今存乞丐数家；白利于数世前投藏；其一名目及失散原因无考。余疑温博之音与噶尔布相近，但噶尔布与白利原各自为族，不当在十二族之列，岂后来附属于玉树，旋经失散欤？

住牧途胡尔托罗海地方噶尔布族，即在玉树族界内，百长一名，番人二十一户。

住牧乌哈那哈地方白利族，距玉树族四百余里，百长一名，番人五十五户。

住牧登坡地方格尔吉三族，距白利族四百余里，百户三名，百长六名，番人八百三十户。

住牧角木丹莫多地方洞巴族，距格尔吉族三百余里，百户一名，百长二名，番人八十户。

住牧三木冲地方苏鲁克族，距洞巴族一百余里，百户一名，百长一名，番人一百三户。

住牧鲁尔扎地方固察族，距蒙古尔津族二百余里，百户一名，百长一名，番人一百六十二户。

住牧阿拉尼克地方隆布族，距固察族一百六十余里，百长三名，番人二百一十三户。

住牧上隆布族⑮，距阿拉尼克隆布族三百余里，百长一名，番人七十六户。

住牧伦多布领地方扎武族，百户一名，百长三名，番人三百四户。

住牧扎尔通地方扎武族，百户一名，百长二名，番人一百五十二户。

住牧下扎武族⑯，百户一名，百长二名，番人一百四十七户。

以上三族俱距上隆布族一百余里。

住牧扎武班石族，即在扎武族界内，百长一名，番人一十三户。

住牧达尔熊地方上阿拉克硕族，百长三名，番人一百三十三户。

住牧接聚地方下阿拉克硕族，百户一名，百长三名，番人三百五户。

以上二族俱距扎武族一百余里。

住牧吉独特地方下隆坝族，距扎武族二百余里，百户一名，百长一名，番人一百四十九户。

住牧吉戎地方上隆坝族，距下隆坝族一百余里，百户一名，百长二名，番人一百五十四户。

住牧苏尔莽地方苏尔莽族，距阿拉克硕族一百余里，百户一名，百长三名，番人三百五十户。

住牧奇可地方巴彦南称七族，距苏尔莽五百余里，千户一名，百长二十名，番人二千五十户。

按南称七族之七字，据《卫藏通志》，当作四字为是，此笔误耳。

住牧匦乌地方称多族，百户一名，百长四名，番人三百七十三户。

住牧束勒孙何地方哈尔受族，百长一名，番人三十户。

按《西宁府志》所载番族，以贡马为限。觉巴拉、拉布库克二族不贡马，故不列数。然数之，实止三十七族，盖漏列吹灵多拉族耳。

《青海调查事略》所载，玉树：

巴燕昂谦，千户一名，管百户八名，百长四十四名。

上扎武族，百户一名；中扎武族，百户一名；下扎武族，百户一名。

上格尔吉族，百户一名；中格尔吉族，百户一名；下格尔吉族，百户一名。

上隆巴族，百户一名；下隆巴族，百户一名。

上玉树族，百户一名；下玉树族，百户一名。

隆布四族，百户一。

安图七族，百户一。

苏尔莽族，百户一。

苏录克族，百户一。

称多族，百户一。

呢牙木错族，百户一。

蒙古尔津族，百户一。

雍熙叶布族，百户一。

固察族，百户一。

上阿拉克硕族，百户一。

下阿拉克硕族，百长一。

扎武班石族，百长一。

哈尔受族，百长一。

洞巴五族，百长一。

以上二十五族，皆居黄河、星宿海迤南，通天河与格尔吉河上下一带。东接四川，西南与西藏所属土司辖境接壤。

按《青海调查事略》，乃湟源杨某著，其书详于海北，而略于海南。如所云玉树二族，隆布四族，洞巴五族，及昂谦百户八名，百长四十四名之说，与旧志既绝异，又非今日事实，不知何所据而云然，岂曾见旧案所谓二十五族者耶？今录以备考。

按《卫藏通志》作阿里克等四十族，而《西宁府志》则云玉树等三十八族者，盖以觉巴拉、拉布库克二族不纳马贡，故不列数耳。那彦成《平番奏议》又云玉树等三十九族者，盖又合觉巴拉、拉布库克数之，而以阿里克内徙，故不计耳。然二十五族之称，莫有知其说者。考《平番奏议》出于道光初年，彼时犹云三十九族，则二十五族之说，当起于道、咸以后。而西宁案卷，同治以前，放佚不完，无从考证；同治以后之案卷，但云玉树二十五族，亦未详列其目。故此次川、甘交涉，中央诘问前后族数参差之故，西宁亦不能答，但据《卫藏通志》搪塞而已！武等始奉随勘界务之令，遍考图志，终莫得其症结所在。及到玉树，详为调查，始知族数减少之故，盖有数因：除阿里克、觉巴拉、拉布库克三族不列数之故，已见上外，有旧日分立，后来自相合并者，如南称四族，后并为一，安图七族，后并为一，阿拉克硕二族并一，隆布二族并一是也；有旧自为族，后来附属于人者，如洞巴之附于囊谦，吹冷多拉之附于拉休，噶尔布之附于苏鲁克，白利之附于玉树，哈尔受、班石之附于扎武是也；亦有旧为一族，后来析为数族者，如玉树原本一族，后分为四，隆坝原本二族，后分为三，蒙古尔津又分出竹节是也。坐此数因，遂致今昔族数，参差不齐，今以《卫藏通志》四十族为准，减去不列数者三族，自相合并者十一族，附属于人者六族，余二十族，加以后来分出之五族，适符二十五族之数。其合并之故，则以内地委员到番，各族例须轮流供亿，独力难支，众擎易举，是以自相合并，冀轻负担。如今日扎武三族，屡呈请照一族当差，其明证也。其附属于人者，多系原有百长户口单微，亦为减轻徭役起见，遂不惜役属于强族，正犹古代诸侯附庸之例，故其名不通于中朝也。其分析之故，由宗支繁衍，末大于本，番酋力不能制，遂听其各自为部耳。考玉树、中坝、蒙古尔津之分析，其来已久，当在同治以前，故列入二十五族之数。近年以来，又有增多之族，如加迭喀桑之白力登马、阿灭六瓦，格吉之那错百户，玉树之日娃百户是也。二十五族之称，起于咸同之际，故此不列数焉。

又按玉树二十五族，囊谦千户为之长，本应称囊谦等二十五族，其名乃正。而《卫藏通志》则云阿里克等族，《西宁府志》则云玉树等族，《平番奏议》亦云玉树等番子；而自道光、咸丰以后，西宁案卷直称为玉树二十五族。玉树本二十五族细部之名，沿袭既久，辞无差别，遂以专名为公名矣，正犹陇省属部，本有甘州、肃州，而又以甘肃为全省之总名也。今欲为二十五族定一公名，将曰囊谦乎，则词嫌不该；别以等字乎，词又涉冗。故姑仍旧贯，而附其说于此。

清初收抚囊谦时所发执照二纸，今日犹存，兹照抄如左（下），而分注以备考焉。

雍正三年，五月十三日，黄带子钦差给昂欠千户、四大百户、各百户、百长遵照。此次定界后，各照所分疆界，管守百姓与大皇帝按年恪上马贡，毋得有缺！东以零惹哈、扎武、布庆百户地。摸那、布庆地。我那、布庆地。叶里那、囊谦马同百长南境。莫叠张姑苏尔莽地。为界；南以落讼巴、囊谦街道百长地。尊妥当马、囊谦协骇百长地。穷果者其新巴、亦协骇地。志那博多哈、囊谦龙巴百长地。觉拉载拉果，清博百户西南境。敏博那上下中坝百户地。为界；西以桑郭且、苏鲁克百户地。木桑博吾僧多、中中坝、麦马族地。索根八恩洋冲疑即苏蚌洋宗[17]，现为空地。为界；北以灯郭那能藏、空地。差恒博、空地。锁奄那斜空地。为界；周围均归二十五族居住，由千户妥为管理，毋得此越彼界，有干重办，切切此示！

按此篇从番文译出，意初给照时，必具番汉文，后来汉文者佚矣。据此，则二十五族及四大百户之说，收抚之初已有之，而内地官书私记，乃绝不少概见何也？黄带子不详其名，盖雍正初征藏时，便过玉树之宗室觉罗也。

雍正十年，九月十七日，钦命总理西海彝番事务兼理西宁、柴达木军务，散秩大臣，副都统，世袭拜地。喇布勒哈番，加三级达，为饬定界址事。案照尔等番族，业经本都统酌量户族之大小，牌委千户、百户、百长在案。其差赋、律例，应俟奏定之日，另行饬知外，但驻址若不照册开明四至饬知，恐彼此搀越，滋生事端，合饬遵照可也，此牌！

计开：巴彦南称千户即尔策旺[18]及所属番人驻址地方，

东至越尔巴、苏尔莽；

西至巴尔达、苏鲁隆、崩巴；即中坝。

南至喀木达之源、谢索布拉叉水多；

按清博百户西南境，有水名打木，北流入解曲河，发源之地，今名哈木达梭博拉，疑即谢索布拉叉水多也。

北至甫卡山梁阿拉克收交界。

按此篇系汉文。前篇乃二十五族之疆界，此篇乃囊谦一族之交界也，想余族皆有之，惜不可考矣。

校　释

①按《西宁府新志》卷二十一载，阿里克乾隆时已移至登弩尔特（登弩尔公卡，鄂拉山附近）、哈隆乌素（温泉一带）、垤列瑙儿（即蒙语之都勒淖尔，藏语之白力东措，汉语之苦海）一带。《卫藏通志》所载的"北至阿尔坦"，即《西宁府新志》之阿隆阿他拉川，《内府舆图》作阿尔坦和博布拉克，标在托孙淖尔之东南。《西宁府新志》于其下记有"有柴草，水窄草微，有瘴。南，各垒番子住牧，北，达赖喇嘛商上人住牧"。各垒即果洛之异译。从所记的地物水草情况及方位来看，即花石峡以南之豆云滩。《西藏图考》的《由前藏至西宁路程》中说：

"喇嘛绰克绰、错尼巴尔、拉尼巴尔、扎克达昌、玛尔褚扎木、哩布（走都克汤，平甸，地多毒草，行人于此站，乘夜兜马口而行）、沙巴尔图、格巴噶中，以上八站，原属班禅，寥无人居。"

上述道程，系自两湖至花石峡的道程，至哩布则走都克汤。都克汤、豆云、阿泽陡同之"陡同"，均一名之异译，《西宁府新志》与《卫藏通志》都将其附近之草原作达赖喇嘛商上住牧地，而《西藏图考》则作班禅属地。看来，该地曾于乾隆前后，一度做过达赖商上派往青海"噶尔琫"（商队长）的牧地，故其时著者笔之于书。光绪初（《西藏图考》成书时），柴达木、香日德曾作为班禅商上堪布住牧之地，这些"寥无人居"的地方，有班禅商上堪布的商队南来放牧，亦有可能。《内府舆图》中凡赏给达赖喇嘛地方，均予标明，但此处则没有任何记载，说明所谓"达赖喇嘛商上住牧"之说，并没经过正式的批准手续。

② 阿里克部落于清道光二年以后，一部迁移于今青海省祁连县住牧，成为环海八族之一。另一部则迁移于今同德、河南等县。（见《安多政教史》）

③ 雍希叶布族　亦译作永沙豹。乾隆时即在今玛多县黄河渡一带住牧。道光三十年（1850年），曾受清陕甘总督崎善的镇压，遭受一定损失，后归牧故地。

④ 牙木错　即娘磋。

⑤ 雍正十年达鼐安抚玉树四十土司，派员划界，登记各族牧地界址时，工作极为粗疏，因而发给各部落牧地文书中地名重叠，一地划归两主之矛盾，数出不鲜。以娘磋部落来论，其牧地如《卫藏通志》载："西至果哩噶巴、白利喇硐，北至哈剌慕尔图、玉树。"这就是说，娘磋牧地，西至白利部落所属喇硐，即来云；北至玉树部落的哈喇慕尔图。又《西藏图考》之《由前藏至西宁路程》中载："多伦巴图尔、弥多、三音库本、栋阔、那木溪、察仓苏木多，以上六站系西宁属之，番目毕哩鲁哇游牧。科科萨哩、直揿多、褚那干（过支褚七道河至此，又名哈屯果勒）、褚玛尔、列卜拉岗、斯乌苏木多、格巴温布、喇嘛隆、巴彦哈拉，以上九站系西宁属之，玉舒本番目游牧。噶顺、喇嘛托隆谷、噶达苏赤老（黄河源见此一带）、噶尔玛汤，以上四站系西宁属之，番目那木错多玛游牧。"如上所载，则白利（毕哩鲁瓦，意为毕哩部落）牧地在通天河南岸的木哥曲河、牙云水、科遣水流域，而不在《卫藏通志》所载的流入曲玛尔河的来云水喇硐一带；而且自科科萨哩（苦苦赛尔），即七岔河（七道河）至斯乌苏木多（色吾河入通天河处），北达巴彦喀喇（巴颜喀拉山）都属于玉舒（玉树）部落牧地。《卫藏通志》所载的"西至白利喇硐"之说，虽早于《西藏图考》所载者，但很短的百十年中，有如此巨大变化，颇值得注意！是否为娘

磋头目于雍正年间划界时自报的扩大了的地界？笔者于四十年代曾两次往返于色吾河一带，得悉当时娘磋西境止于色吾河以东觉让寺附近，由此以上，虽原属玉树四族，而其时该地则只有果洛的周曲卡哇及乌吉等部不时放牧，因此，《卫藏通志》所载的娘磋北境为"北至哈喇慕尔图，玉树"，也系就当时自报之记载。即令河源地区有白利部落住牧，亦只能说"西北"，而不能定为"北"。哈喇慕尔图系蒙语，其地不详。不过，我们知道娘磋的正北一带，乃扎陵湖与鄂陵湖以南地区，这些地方没有玉树部落牧地。《西藏图考》所载的喇嘛托隆谷，亦为蒙语，当系喇嘛托洛海，其位置不能确定，当在巴颜喀拉山北麓，噶达素赤老（为蒙语译音，通作噶达素齐老峰，现按藏语 གཡག་ར་བདག་རི། 译为雅合拉达合泽山，或作雅拉达则山）之南。因此，按《西藏图考》所记，则娘蹉的北境，尚包括黄河源一带，东至噶尔玛汤（星宿海）。但是，《西宁府新志》于喇嘛托洛海、阿拉台奇及乌兰伙哩三处之下均记有："南，别利番子住牧；北，星宿海脑。"而在距乌兰伙哩以北一站的哈拉河下记云："南，年木错番子，北即星宿海。"看来，年木错（娘磋）于乾隆初年既在星宿海一带放牧，更可以证明雍正时所记的北境，仅为自报的产物，并没有经过实地勘查。

别利（即白利）系一户口不多之百长部落，但位于交通要道，而又迁移无定。我们从它约于前清同、光之际，迁往西藏（周氏记云已历数世。笔者于1944年冬在牙云与总举百户旺修多吉谈及此事，据云其迁移之时间，约在他祖父以前时代）之事来看；从它见于诸家记载的年代来看〔《卫藏通志》不著撰者姓氏，据吴丰培先生考证，系松筠所著，成书年代不详，可能为其于乾嘉之交任驻藏大臣时所著，《西藏图考》系黄沛翘所著，刊于光绪十二年（1886年）。《西宁府新志》系杨应琚撰于乾隆十一年至十二年间，成书时间，早于上列两书〕；从《西宁府新志》的《塞外贡马番族》白利族下所记"住牧乌哈那哈地方白利族，距玉树族四百余里"（乌哈那哈似即乌河那碛）来看，则白利虽原住牧于巴彦哈喇山南北麓（《西宁府新志》《卫藏通志》所记），后又迁牧于科遣云、木哥云等处（《西藏图考》所记），最后乃西迁于藏地。见于《卫藏通志》者，乃系达鼐划界时，川、陕、藏三方所派人员就各族自报所作的简略报告，与各部落真正牧地，其间不无问题。如查午拉山北麓之卧曲水和查午曲水流域以及木哥曲水流域之郭佛郭摩一带，名义上为玉树地区中坝及格吉牧地，在上述各书中亦分别有所记载。各地图中亦都划入于青海省之内。但笔者于1944年往返于唐古拉山间时，曾目睹霍尔三十九族之霍尔吉卡、索得公郭玛等部落就在这些地区住牧（夏季）。据他们说，这些草原系达鼐分界时划归他们的。但我们看到在昂欠千户所藏雍正三年黄带子钦差所发执照中，这些地方以及索滂羊宗，统归昂欠千户管理。一片草原，划于两家，此乃牧区多草原纠纷之缘由也！笔者于1943年行旅于长江北岸时，上娘磋部落之人曾指代勃松多草原上的一座土丘，说是俺班钦布（钦差大臣）划界时驻节之地，当时划界的官僚中虽有人到过这个地方，但仅是官样文章，徒具形式而已。

⑥（甲）克列玉族，《卫藏通志》作克列玉族。

（乙）多伦厄托克，按这个部落在《卫藏通志》卷十五中作"多伦尼托克"，《西宁府新志》卷十九中作"多伦洛尼托克"，周氏在此处则记作"多伦厄托克"，当系蒙古语译音的歧异。

（丙）达野，即达云；达乌，即扎武。按达云为阿拉克硕即拉秀部落之牧地，不属于扎武。

⑦ 龙布　应为"隆布"。

⑧ 阿拉克硕　亦有记作"阿拉克收"者，即拉秀。"拉休"为拉秀之异译。

⑨ 上隆坝，即今中坝麦马也，下隆坝，即今中坝得马也。周

氏此记有误，应为"上隆坝，即今中坝得马也，下隆坝，即今中坝麦马也"。又班马乃从得马分出者。

⑩ 阿拉克族　应为阿拉克硕族。

⑪《卫藏通志》此处所记，似有误。隆布部落，不在格吉之南，而南称又不在格吉之北。据笔者行旅所经，昂欠千户在上隆布与拉秀之间草原上，有飞地一处，但与格吉并不毗连。

⑫ 拉错族　今通译作"纳措"或"纳仓"。

⑬ 东至岳尔厄　《卫藏通志》作"岳尔尼"。

⑭ 客木达　今通译作"坎达"。

⑮ 住牧上隆布族　此句中似脱落了住牧的地址。

⑯（甲）住牧下扎武族百户一名　此句似脱落了住牧地址。

（乙）藏族常于地区及部落名称之后，加 སྟོད་མ། བར་མ། སྨད་མ།，区别其形势，其意为上部、中部和下部。命名之法，如山脉则按其自西而东之走向，河流则按其源头，部落则按其上、中、下。旧时文书，或按意译出，或径译音。如上格吉，或作格吉得玛（多玛）；中格吉，或作格吉班玛；下格吉，或作格吉麦玛（买马）；等等。又如藏文古籍中习见、口语中常说的"上部阿里三围，中部卫藏四翼，下部多康六岗"等等，都是以上、中、下表达其地理位置。有些书籍，作为"高""中""低"，系误解。

⑰ 苏蚌洋宗　即查午拉山南之索滂羊宗。

⑱ 即尔策旺　全名为即尔策旺多吉。为第一任昂欠千户，即《昂欠王家传》中所称之"廿五世王"中之第十八世。

宁海纪行

宁海纪行序

　　湟中、青海，鄙在西陲，不当孔道，通人纪载，自昔罕闻。民国三年，陇蜀共争玉树，周务学奉檄查勘，余橐笔从行，邀牛载坤任测绘之事，沿途见闻，载坤缀之图，余记以笔，朝夕切磋，互相发也。到玉后，乃变日记体裁，分类调查，别为书二卷，此稿遂弃置箧底，不视久矣。今夏无事，发箧阅之，不忍竟废，辄要删付印，颜曰《宁海纪行》，用备輶轩之采云尔。

民国八年秋，天水周希武

民国三年，十月八日，即旧历甲寅，八月十九日。由兰起程。是早一点钟，特派员周务学字本斋，下称本斋，已从数骑，戴星而行，余与牛载坤等迟至十二点钟始行。由皋兰县治西行里许，过阿干河（河出南山，北流，注于黄河。阿干河口两山对峙，东曰龙尾山，西曰华林山，皆南山支麓，迤至河壖而突煞者也。龙尾山俯瞰省治，全城在目，最为形胜之地，上有四墩，自东南而西北，相距各二百余步，墩高六丈许，作立方形，皆甃以砖，中空而四面有窍，可容百人，乃前清乾隆时阿桂所筑。华林山上有城，周围约三里许，前清时驻一游击。山东麓，阿干河西岸，树林阴翳，土人所谓西园也，产梨极佳。金天寺在西园中，琳宫梵宇，隐现林表，致为可观。由阿干河南行，逾山一百二十余里，可至狄道）。河上有跃桥，西行里许，过西津水，有桥，水西有村，曰梁家庄，村东北有堡。三里许，过七里河。河西有村，村西北有堡。三里许，过一小水，水西二里许，有村曰双营子。二里许，过一水，有桥，水西有村，曰土门洞。西稍偏北行五里，至崔家崖庄。又西五里，连过二水，至崔家崖。自省治至此，皆土路，甚平。（崖者，南山之麓，迤至道左，大阜特峙，层楼杰阁，负崖矗立，自巅下属于地，颇壮丽可观，唯无树木。每岁四月八日，士女游览者颇众。黄河自西北而东南，与崖相触。）自此南缘崖，北并河，河中洲渚甚多，以崔家大滩为最大，东西长约三里许，滩上树木颇密。沙路崎岖，约七八里，上下一坡，至牲口堡。自崔家崖舍车路，取小径，至此复与车路相会。川开路平，三里许，至城关营。三里许至西古城（据《兰州府志》即汉金城县故治）。古城附近多枣树。由古城逾河而北，即旧沙井驿，驿西有水，出北山，南注于河，名米家沙沟，上通哈家咀、芦井子。古城附近溪水既小，河岸又高，故多旱田。清末，兰州道彭某，凿渠引河，糜费巨万，功迄不成。自古城西行，过一小水，南北山势渐合。五里至柳沟庄，入峡，五里许，过孙家沟，里许，至白家闇（暗）门。折西北行三里许，过一小水，有桥，水西北有庄曰梁家湾。三里折西行，上下一土坡，出峡，川开路平，五里至坡底下庄，黄蒸甚多。西行过一水，约三里至墩下湾庄，庄中有店户多家，附近多枣树。自古城至此，滨河一带，时有边墙遗址。西稍北行，五里许，至新城堡宿。北城有石刻云："明成化丁未，巡抚贾，兵备副使边，以套虏时窥兰州卫，由此踏冰渡河，乃相地卫西七十里之积滩，筑城以扼虏冲，名曰新城。"到时午后五时，时本斋已至新城数时矣。按省治高出海面一千六百米达，新城一千六百八十五米达。自省治至此，凡过十一水，均出南山，北流，注于黄河。其间以阿干河、崔家崖水、柳沟为较大，附近居民酾渠灌田外，尚有余水以达河，余则不敷灌溉，河床多涸。居民多以木机大轮，吸黄河水灌田。新城内有商铺数家，店户均在西门外。由新城逾河而北，稍东有水，出北山，南注于河。曰柴家川。

十月九日，即旧历八月二十日。早五点钟，自新城起程。西行，南北山势复合，自新城逾河而北，稍西有水出北山，南注于河，名瓦渣沟，路通秦王川。缘左山麓行。三里，山势复开，曰青石川。二里过一水（水出南山，北注河），里许，至青石川庄（庄北隔河稍西，即庄浪河入黄河之口。口东有庄曰苦水驿村，村茂密，居民有三百余家。口西有堡，据山巅，曰河口城，颇完整）。由青石川庄西行二里许，折西南行，里许至青石关，有庄，关在庄西百余步，南负岩，北临河，形势颇险，《水经》河水会湟之后，又东经石城南者，即此地也，阚骃谓之石城津。关东西均有渡。冬则出关西，碛行十里许，踏冰北渡，冰解后，由关东船渡，余等行当仲秋，故未得出关也。渡口有官船四只，每船水手十二人，前后各六人，共摇一浆，无舵，上船后约十分钟，到彼岸。沿北岸西行半里许，过一小溪（溪水出北山，南注河，水味咸，旁有澄盐之池，每岁产额无多）。上坡，磴道纡（迂）回，俗名八盘山，其巅乃平原也，名张家台子，东西斜长，北属之山，其南尽处，崩崖壁立高二十五丈，黄河薄流其下。由原上西南行八里许，至八盘台旧堡子，下峻坂，又过一盐庄溪（水出北山，南流注河），里许，至达家庄，庄北倚大阜，阜上有达家堡。南行里许，至达家川，村树颇密。村西里许，即湟水入黄河之交也（余按大通河较湟水源远流盛，湟水入大通河而后入河，则入黄河者，当称为大通河，其名乃正，然自班志、郦注，皆以湟水受浩亹水即大通河而入黄河，盖中国古人叙述水道，往往误枝为干，不止此水为然，今姑仍之）。又按《水经注》，逆水即庄浪河入湟后，湟乃入黄。陶拙存《辛卯侍行纪》已觉其误，然谓逆水古有入湟之道，年久渐湮，此则臆度之言。不知庄浪河入河之口，距湟水入河之口几二十里，中隔一高原，间以两盐沟，原头断岸百尺，俯瞰河流，二水绝无相通之理，然后知地学非亲历不能确也。由达家川舍黄河，循湟水，西北行十里，过一水（水出北山，西南流，注湟），至张家河湾，有庄。三里许，过一水（水出北山，南注湟），至赣子庄。西行五里许，过一水（水出北山，南注湟，名大沟，路通苦水驿），又二里许，连过二水（均出北山，南注湟），至张家寺庄。二里许，至赛排川庄，庄东路北，有皋兰、平番分界碑，碑东为皋兰县地，碑西为平番鲁土司地。由赛排川西行里许，过一水（水出北山，南注湟），上坡行原上，里许，过一沟（水出北山，南注湟），五里，下坡，至马回子庄，自入八盘台下坡至此，路多碎石红沙。庄西湟水北触山麓，缘崖而行，路甚险，六里至盐庄子。庄西过一水（水出北山，南注湟），七里至杨家炮台。路平。二里至下花庄子，二里至上花庄子，三里至黑咀子宿。有堡，商民百余家，到时三点十五分，所过田土，均系旱地，间有铺沙者。是日共行七十里。

十月十日，即旧历八月二十一日。早五时，由黑咀子起程。西北行三里许，至飞石崖，湟水曲流其下，如半规形，崩崖嵯岈，羊肠迂回，俯瞰奔湍，侧足屏息。崖高处距水十九丈弱。二里下坡，至青土坡庄。由庄逾湟水而南稍西，有水出南山，北注于湟，俗名羊肠沟。沟口两峰对峙，势颇高峻。由青土坡庄西行五里，至王家窟陀，五里至新庄子。庄西有红古坡，形势如飞石崖，而峭拔过之。又飞石崖系红土，此则青岩嵯峨，悬垂欲堕。坡高处距水十二丈强。五里下坡，至红古城，有商民百余家，市西南有古城废址数十丈，莫知其始，余疑即汉允街县治故迹。按《水经》："湟水东合浩亹河后，又东迳允吾县北，又东迳允街县故城南。"此处西距大通入湟之处六十里，西北距窑街五十里。陶拙存谓窑即允之讹传，允街疑在窑街迤东，按之形势，此地为合。又由红古城逾湟而南，有渡口，疑即郑伯津也。有水出南山，北注于湟，土名暖治川。川口村树稠密，为碾伯菁华所在地，名下川口。迤东至河湟之交，皆河州地。《辛卯侍行记》考证汉金城郡允吾县治，谓在湟水南，黄河北，与允街隔水相直，当今平番、碾伯、河州、皋兰接壤，湟、黄二流之交，焦家河、张党堡等地，其说已较诸家为近。按小晋兴城在上川口左右（其说在下），阚骃谓允吾西四十里，有小晋兴城，今上川口东距下川口约五十余里。又《马援传》，允吾谷西通唐翼谷。陶拙存以唐述山东麓为唐翼谷。唐述山在今碾伯县东南境，滨黄河之赵木川地方，今由下川口循暖治沟西南行百余里，逾分水岭，正至唐述山左右。又胡腓明谓兰州西一百二十里，有允吾故城，其说当有所本。行箧书少，卒未查出。所谓兰州者，疑根据汉金城县治言之。汉金城县即今西古城，由西古城至下川口恰一百二十里。又《水经》，允街在湟水北，允吾在湟水南。今红古城与下川口实隔水相望，以此可证允吾县治在今下川口左右无疑，若焦家河等处，尚在下川口东六七十里之外，与诸说皆不符。《西宁府旧志》亦谓在下川口，惜无证据也。城南湟水滨，有用土法淘金者，缘大通河滨，到处产金，此处虽名湟水，其实大通河之下流也，故沙中时有麸金及豆瓣金，上、下川口等庄，均驻有收买生金之商。由红古城西行十里，至水车庄，十里至王家口子，路均平坦。由王家口子逾湟水而南，稍西有水，出南山，北注湟，名咸水沟。沟口左右均有庄。由王家口子缘右山麓西行，路皆沙迹。十里至李家镙子庄，西为虎头崖，形势比飞石崖、红古坡尤险恶，鸟道一线，劣能容足。下坡，行河滩中，十里至海石湾庄，庄西南三里许，即大通河与湟水合流之处也。由海石湾折西北行，五里许，下一高坡，即大通河出峡之口也。按大通河即《汉书》所谓浩亹水，《水经》所谓阁门河。颜师古曰："浩水名也，亹者，水流夹山岸，深若门也。《诗·大雅》'凫鹥在亹'，亦其义也。"今按大通河出峡之口，大山对峙，岸高于水约十丈，相距约六丈，上有桥跨之，河水为石峡所束，波平声寂，其深莫测，然后知古人命名之确也。由桥东缘峡北行，羊肠一线，三十里可至窑街。窑街富于矿产，而铜尤多。清末兰州道彭英甲购机鼓铸其间，旋以折阅停办。大通河上流多森林，贩木者入山伐木，乱投于水，至峡口，始截流编筏，下之兰州一带。过桥折南行，五里至享堂宿。到时午后三时。享堂系平番李土司①属地，居民约百余家，店户颇多。是日共行七十里。

十月十一日，即旧历八月二十二日。五点钟自享堂起程。西北行五里，上一高坡，坡高十丈强，湟水曲流其下（隔湟有水，出南山，北流来注，名巴州沟，沟口村树稠密，即上川口也。《水经》："湟水东迳破羌县故城南今老鸦城，又东迳小晋兴城北，又东与浩亹河合。"《西宁府志》谓小晋兴城，在古鄯驿。按古鄯在下川口西南六十里，去湟水颇远，何以言东迳城北？又在浩亹河既入湟之后，与《水经》显背。余疑小晋兴城当在上川口左右），下坡过一水（水出北山，南注湟），五里至史纳庄，南北山势，至此渐合，是为老鸦峡。峡口有废堡遗址当道，其势甚险，缘右山麓行里许，隔湟有水，出南山，北流来注，曰米拉沟。沟口东庄曰梨掌，西庄曰钟家（按米拉、巴州、暖治等沟，土人谓之米拉三沟，中多莠民，光绪乙未回变起事处也）。五里许，隔湟有水，出南山，北流来注，曰松树沟，路通巴彦戎。沟口东有庄。三里许至杨家店子，峡愈隘，两崖皆青红石，曲折西行十里，至莲花台，岩石骈植，若莲花之瓣，故名。折北行，或缘山麓，或傍水滨，十二里至鹦哥嘴，石径崎岖，殊不易行，石崖上有刻文，系凿路时所镌，漫漶难识。三里许始出峡。按《汉书·赵充国传》："充国至金城渡河，充国所渡之河，当即石城津，自黄河以西至享堂，湟水无隄。遣骑候四望陿中，亡虏，夜引兵上至落都（颜注：山名）。曰：'使虏发数十人守杜隘中，兵岂得入哉！'"落都即《水经》所谓洛都城，今碾伯县治是也，充国出险而至洛都，故有喜幸之辞，则四望陿在洛都之东，可断言也。今老鸦峡正在碾伯东五十里之地，峡长四十里，屈曲深邃，到处可以伏兵，其为四望陿无疑。土人读鸦污瓜切，疑即望之转音，而《西宁府志》谓四望陿在西宁县治西，谬甚！或以大峡、小峡当之，均在碾伯西，亦非是。五里许，至老鸦城，城内居民百余家，住兵十余名。城东有水，出北山，南注湟，名冰沟，由此东北通平番，有车路，西宁电线由此接于平邑。按《水经》："湟水东迳破羌县故城南，六谷水自南，破羌川自北，左右翼注之。"《府志》谓破羌县故城，即今老鸦城，形势颇合，当从之；冰沟，当即破羌川水也；六谷水疑指米拉、松树、虎狼见下等沟；南者湟南，未必即指城南也。由老鸦城西行，四里至赵家庄，一里至马家庄，二里至白崖子。三里过水磨沟（水出北山，南注湟，疑即《水经》所谓细谷水也），至蒲家口子。二里许，过一小水，至长里店子下庄，二里许，又过一小水，至长里店子上庄，里许过沙沟（水出北山，南注湟，疑即《水经》所谓流溪水也），路北里许有庄曰柳湾，西行三里许，至高庙子宿。有堡，居民百余家，到时午后四点。高庙子隔湟稍东，有水出南山，北流注于湟，俗名虎狼沟，沟后有山，高插云表，巅有积雪，腰有横云，乃黄、湟二流之分水岭，巴、碾二邑之界山也。是日共行七十里。

十月十二日，即旧历八月二十三日。自高庙子起程。西行三里许，有水自南山出，北注于湟，曰双塔沟，附近居民引沟水以灌田，其利甚广，疑即《水经》所谓乞斤水也。三里许，至断堡子，有上、下二庄。三里许，至石咀子，有上、下二庄，庄西里许，有水出北山，南注于湟，名羊官沟，疑即《水经》所谓阳非水也。五里至水磨营，凡三庄，有水自北山出，穿庄南注于湟，曰胜番沟，水清而大，其流颇长，疑即《水经》所谓长门川也。按湟水先会长门川而后经乐都城南，是长门川应在今县之西，而胜番沟从县东入湟，疑非一水。然今胜番沟东水门营地方，有古城废址，或即乐都旧治，亦未可定也。隔湟有水，自南山出，北流注湟，曰岗子沟，疑即《水经》所谓来谷也。西行三里许，过一水，即胜番沟分出之渠。有桥，至碾伯县治，南濒湟水，城垣为水冲刷，多就圮，东南谯楼全毁。城内商廛、民屋，多湫隘倾欹。街北有庙，门悬扁（匾）额，曰讲约所，盖从前讲习吕氏乡约之遗迹，今则废不复讲，而乡职但供差役矣。出碾伯县南门，折西行，二里至小古城，一里至大古城，两城如连环，相距三里许，未知建置所始。三里过一小水（水出北山，南注湟），水东西有庄，名达子湾，二里过一沟，名努木沟，水出北山，南注湟，疑即《水经》所谓吐那孤川也，努木即吐那孤之急音。隔湟有水，出南山，来注之，土名峰堆沟。至两润堡②，又名猴儿口子，三里至羊圈台，四里至汉庄子，庄南隔湟有水，自南山出，北流注湟，曰深沟，一曰马哈拉沟，此水与上峰堆沟疑即《水经》期顿、鸡谷二水也。五里南北山势复合，即大峡也。里许出峡，隔湟有水，出南山，名高店子沟，北流来注；迤四五里，又有一水，出南山，北流来注，名巴掌沟，疑即《水经》达扶东西二溪水也。五里至河滩寨，一名峡口堡。二里过水磨沟（水出北山，南注湟，疑即《水经》所谓承流谷水也），沟西有庄，三里至张家寨宿。有堡，庄中树木成行，泉水交流，民约二百余家，到时午后三时。是日共行六十里。

十月十三日，即旧历八月二十四日。由张家寨起程。西行五里许，隔湟水为平戎驿城，即汉安夷县故址，明初置驿，驿西有沙沟水，出南山，北流注湟，疑即《水经》安夷川水也。十里至白马寺庄，居民二十余户，皆半番也。北山迤至道右，有连阜蹲峙，若剖葫芦而侧卧其半者，嵌崖为阁，中有巨佛像，阜西有红岩沟（水出北山，南注湟，疑即《水经》甘夷川水也），水颇大。逾水十里，至曹家堡，十里过一小水，至高寨，寨西有水（出北山，南注湟），名他拉池沟。自白马寺至此，三十里中荒地弥望，唯白马寺、曹家堡附近，略有垦地；而湟水以南此三十里中，烟树村落，络绎不绝，不知隔一衣带水，而土质腴瘠，相悬若此何也？土人云："前虽开渠以灌荒地，其功未竟，今就湮矣。"惜哉！此守土者之责也。自高寨迤西五里中，田畴尽辟，树木颇盛，隔湟为三十里铺，铺西有水，出南山，北流注湟，疑即《水经》所谓漆谷也。南北山势至此复合，是为小峡。《水经》"湟水迳东亭北，东出漆峡"，当即小峡也。湟水为峡所束，仅宽六丈许，有木桥跨其上，过桥，有市民数家。中顿后，缘左山麓西行，路左有石谷，颇深邃，宽仅一丈，无水。二里出峡，峡口夹水，两岸有关，北完南圮。路左有《创修南北二关碑记》，左文襄撰，言河西有事，守者得此，兵以一当百，攻者逾此而入，则西宁不复能守。同治回变，官军西讨，贼扼峡口，苦战屡月，迨峡口既破，贼遂弃西宁，不日就擒。光绪三年，青海副都统豫师始扼河筑关，南曰武定，志兵威也，北曰德安，饬吏治也。今德安独存，而武定半圮，岂乙未再变时所毁耶？又谓出西宁城东望，两岸石山，壁立对峙，马不能并辔，车不能方轨，如是者六十里云云，并非实际，殆类文人夸张之习矣。平行十里，至罗家湾庄，民十余家，疑古东亭在此地，北有山水，南注于湟，曰沙棠川水，源颇远，上通威远堡。同治回变，贼扼小峡，刘锦棠力攻不下，乃分兵由北山间道出沙棠川，绕至峡后，夹攻破之。按《水经》："湟水迳西平城后，又东，右合葱谷水，又东，迳东亭北，东出漆峡。"余谓右合葱谷之右字，当是左字之讹，盖自小峡西至西宁城，南山无北流入湟之大水，而沙棠川乃湟北最大之水，不应遗之，葱谷当即指沙棠川也。

二十里，平行至西宁县城，穿城而过，出西门，过通济桥，桥跨南川河，三里至大营盘堡宿。是日共行七十里。大营盘堡乃同治初，湘军所筑，方二里，止有东门。

自十月十四日至二十五日。驻宁摒挡出塞装具，暇时偕牛载坤携望远镜，登营垒四望，湟水自西来，左会北川河（水出大通县北达坂山，东西二源，于县东南合流，又南，入湟水，即《水经》所谓长宁川也），右会南川河（水出西宁县南之牛心山，北流注湟，即《水经》之牛心川也）。西宁县城在湟水南，牛心川东，城东、南、西三面，皆作直线，唯北面则屈曲缭绕，盖避湟水之冲刷耳。湟水北，长宁川东，有土楼山。山足为湟水所刷，崩崖壁立百仞，岩石积层，凹凸青红，远望如楼阁，所以名土楼也。土人就崖上凹处，架木施槛，中供佛像，崖下有寺，曰北禅寺。阚骃谓西平亭北，有土楼神祠者，当在此地，今寺乃新建也。城南百余步南山麓上，有古城遗址，自西而东，与南城等长；城内亦有旧城东北隅遗址，据《府志》谓即宋、元西宁州故城；今城乃明初耿秉文建，基割旧城之半，围九里许。距城三里牛心川西，湟水南，有土台一，以气压表测之，约高十丈，志称九丈八尺，略符。趾方，各三十二丈，顶圆，径八丈许，盖原形若覆斗然，年久颓圮，棱（棱）角刓弊，故址犹微方，而顶则圆矣，《府志》谓之虎台，南凉秃发氏所筑也。俗谓之将台。台之东，有高墩四，四隅角立，相距各一百二十丈，高各七八丈，疑皆秃发氏所筑，此亦当时伟大之建筑，而夷酋之不惜民力，于此亦可见矣。

湟中秦以前为羌无弋爰剑裔所居。汉为金城郡之破羌、安夷、临羌等县地。魏置西平郡，晋因之。五胡之乱，西平迭为前凉、后凉、南凉、北凉、西秦、吐谷浑所据。魏一北方，置鄯州，隋因之。唐初，属陇右道，为陇右节度治所③。宝应后没于吐蕃，亘数百年，阅唐、五代以迄于宋，中间虽经唐宣宗、宋神宗一再克复，然未几即沦为异域。元为西宁州，明改州为卫，清升为府，辖西宁、碾伯、大通、循化四县，贵德、巴彦戎、丹噶尔三厅。西宁设道一、镇一，以辖文武，设青海办事长官一，以理蒙番事务。清制，长官称钦差，节制镇道，其秩颇崇。民国元年，废府，升贵德、巴戎为县，丹噶尔厅为湟源县，设蒙番宣慰使，以西宁镇兼之，会同青海长官办事。

董祐诚据《元和郡县志》，谓西平故郡在唐湟水县西一百三十二里。据《西宁府志》，湟水即今碾伯县治，西距西宁县城一百一十里，是西平故郡，在今西宁县附近矣。余考洪补《三国疆域志》："西平郡汉末分金城郡置，魏晋因之，领县四：曰西都、临羌、长宁、安夷。"西都首列，当为郡治。洪于西都下注曰"魏分破羌县立"云云。《晋书·地理志》，西平郡县，皆与魏同，均无破羌县，是西都为破羌所改无疑。《疆域志》："后凉吕氏始置乐都郡。"西凉有西都郡而无乐都郡，南凉、北凉有乐都而无西都，是乐都为西都所改，又可知也。《水经》："湟水东迳乐都城南，又东迳破羌县故城南。"《府志》，乐都即今碾伯县治，破羌即今碾伯东四十里之老鸦城，是盖西都辖境，即汉破羌县故地，而县治则自老鸦城而移于碾伯耳。《元和志》又云："湟水县本汉破羌县地。"然则魏、晋西平郡治之西都，与唐鄯州治之湟水同在汉之破羌县地，今之碾伯县治，可断言矣。而《元和志》乃谓"西平故郡，在湟水县西一百三十二里"，误矣。考其致误之由，实始于郦道元。按《水经注》："湟水又东迳西平城北。"其小注云："东城即故亭也。（中略）魏黄初中，立西平郡，凭倚故亭，增筑南、西、北三城，以为郡治。"余按此西平城即今西宁县治，乃后凉吕氏之西平郡治，非汉、魏之西平郡城也。汉、魏以来之西平郡治西都县，实今碾伯，而今西宁县地，当时为临羌、安夷之地。吕氏既以西都为乐都郡，《疆域志》：乐都郡领县一，曰茗葧，当即改西都为之。同时又建西平郡，意此时始移郡治于汉之西平故亭，郡城亦当是此时所筑，而附郭之县，仍以西都名之。《府志》：西宁、碾伯皆有西都之名因此。南凉、北凉均因之未改，魏一北方，于此置鄯州郡，当属州。今本《魏书·地形志》鄯州下阙。道元据当时所见，而未考其因革迁徙之故，遂以为魏、晋以来之故郡，即在于此，《元和志》又踵其谬耳。阚駰《十三州志》："临羌新县在郡西百八十里。"駰，敦煌人，仕于北凉，其述河西地理，皆得之亲历，其所谓郡，必指晋之故郡。今按《水经》："湟水东迳戎峡口，又东迳临羌县故城北，又东迳临羌新县故城南。"戎峡即今湟源县东、西宁县西之西石峡，峡东十里，即镇海堡，临羌县故城，当在镇海堡稍西，新县故城，当在镇海堡东湟水北。由镇海堡东至西宁县五十里，又东至碾伯一百一十里，凡百六十里，与阚駰"在郡西百八十里"之说相符。古今里至，容有盈朒。自后人误谓今之西宁县城为即西平故郡，于是临羌新旧县等古迹，皆不得其所在，反求之边外数百之遥，而湟水左右翼带之诸小水，皆迷乱不可求矣。

青海版图，埒于甘肃一省，而土旷人稀，货弃于地，是天留一未辟之洪荒，以为西陲殖民销兵之尾闾，而湟中实为之门户。北蒙南番，络绎于道，皮毛、鱼盐、药材、森林、矿产之利，均委输焉，亦河西一大都会也。其地跨黄、湟、大通三流域，_{就西宁道区言之}。南部由黄河以达兰省，中部由湟入黄河以达省，北部由大通会湟入黄河以达省，均不过二三日之程，物力雄厚，交通便利，倘建为特别区域，亟力经营，将来发达，未可量也。

　　湟中北面以祁连山脉为屏障，深谷间道，处处与河西四郡相通。汉代先零因小月氏以通匈奴，明季套虏出黄城滩以扰青海，而光绪乙未湟中回变，其余孽即由野马川、滔赖河以出玉门，皆祁连山之间道也。大通卫、察汉鄂博、永安城等处，清季尚有绿营扼要分防，自绿营既裁，险皆虚设，于是库伦与青海蒙古之往来，皆视为无足重轻之事矣，噫！

　　湟中燃料用石炭、煤末两种，皆出大通，矿苗颇旺。唯开采之术未精，又煤车进城，往往为官吏兵队所抑买，以故煤贩裹足，价值昂贵，每属阴雨连绵，市民辄有不火食之虞。西宁距兰州四百四十里，而地面高出兰州六百余丈，计每里差一丈五尺左右，故水源甚高，而流甚驶，土性虽多松沙，而无泻漏之患。濒湟诸溪，到处可以引渠灌田，故无凶年之忧。唯气候甚寒，春已暮而草始青，秋未高而雪已降。岁只一收，然湟中人民稀少，一岁之入，足以供一岁之食而有余，故商贩常漕谷东下，以济兰州之穷。

　　十月二十六日，即旧历九月初八日。由西宁大营盘起程。文武员弁共六十余人，马九十余匹，外雇骆驼七十余头，以载辎重。向例，委员入番，先传谕沿途番目，供给乌拉。乌拉者，支差之牦牛也。沿途番族插帐之所，不必适当大道，即当道番族，亦闻内地委员入境，皆拔帐远徙，乌拉交递之间，往往迂道以就之。又牦牛且行且牧，旁行就草，日行止三四十里，行役延缓，职此之由。又往年委员视下番为利薮，携带货物，包庇奸商，滥索乌拉，所过骚然。此次本斋为省扰累，求迅速起见，遂力排众议，另雇骆驼。又恐议者以破例为难，乃晓谕番目，以此次不支乌拉之故，在求迅速，并非免差，使后来无所藉口。持己以严，处人以宽，两得之矣。

沿湟水南岸西行，经刘家寨、彭家寨、张家湾，至阴山塘。距县治二十五里。马宣慰使阁臣以羊酒祖饯于此。又西经小寨、韦家堡，过乾河沟，前后凡过五水，皆出南山，北流注于湟，当即《水经》龙驹、溜溪、伏溜石、杜蠡等川水也。又西经康成寨，过一水，水西南出鲁沙尔，上通塔儿寺。塔儿寺为西宁最大之寺院，僧徒至三千余人，黄教初祖宗喀巴实产生于此，故西番佛教徒，皆重视之。岁时蒙古、青海、西藏人来膜拜者，络绎于道。僧寮千余间，中有绝大佛堂，其瓦皆鉴以黄金。疑即《水经》所谓卢溪水也。又西至镇海堡宿。是日行五十里。镇海堡城内居民数十家，地扼西石峡之东，为西宁、湟源之咽喉，前清常驻重兵于此，汉临羌县故城，当在堡左右。由堡北逾湟水而东，约十里，有西纳川水，自西北来注于湟水，当即《水经》所谓临羌溪水者也。临羌新县故城，当在西纳川入湟之交，多巴庄附近。由西纳川西北行，经上五庄，至水峡，有直接通青海之路，海北蒙古出入内地，皆取道于此。

十月二十七日，即旧历九月初九日。早四点钟自镇海堡起程。沿南山麓西行，过一小水，未几过桥，沿湟水北岸行，十里至扎马隆村，天始明，入湟峡，土人谓之西石峡，疑即《水经》所谓戎峡也，路颇崎岖。十里至骆驼脖项，过黑沟水（水出北山，南注湟），五里至响河尔塘，有响河尔水出北山，南注湟。响河尔庄东南，有水出南山，北流注于湟，土人谓之磨沟，水流颇盛。五里，至石崖庄，有蓝占巴水出北山，南注湟。南北山势，至此渐开。西行越一土坡，土人谓之二中〔夹〕梁，夹湟水南北，各有古城遗址。十里至湟源县城，时早九点半钟也。拟在此间购办入番用具，故行四十里而止焉。

县本前清丹噶尔厅，民国元年，始升县，改名湟源。城据北山之麓，颇狭小，居民七百余户，皆土屋无瓦，阖邑共三千余户。县西南有东科寺，丹噶尔即东科之缓音，宋时吐蕃有宗哥城，疑即东科之音转也[④]。

湟水源出县城西北一百五十余里之拨洛充克克地方（在青海东北），众泉交涌，汇为一水，东流六十里，至杨家塔儿地方，有一水西北出巴罕乌兰地方，东南流，来会。水东有古城址，《湟源县志》谓为临羌故城，非也（辩见上）。余按《通鉴》天宝元年，陇右节度使治鄯州，统临洮等十军。胡注云："临洮军在鄯州城内"（唐鄯州治湟水，今碾伯县治是），"河源军在鄯州西百三十里"（当在今西宁县附近，古里数小），"白水军在鄯州西北二百三十里"（当在今湟源县附近），"振威军在鄯州西三百里"（当即今湟源县西北四十里之三角古城，《县志》以为绥戎城，非是），"威戎军在鄯州西北三百五十里"。今杨家塔儿古城，东距三角城四十余里，距碾伯县三百余里，当即威戎军古垒也。唐代军城距离鄯州之里数，皆从湟水起算，后来志乘误以今之西宁县治为即唐之鄯州，是以推算军城，皆远求之塞外也。湟水又东，左会胡丹度、申中二水，右会莫尔吉、纳隆口、阿加兔、拉拉口等四水；《水经》："湟水东流经湟中城（当在扎藏寺，湟水、莫尔吉水之交）北，又东，右控四水，导源四溪，东北流注于湟。"当即莫尔吉以下四水也。又东，迳转嘴子北；《县志》云："此处地名山城，有古城遗址，土色带红，当即《水经》所谓赤城者也。"按之形势，颇合，当从其说。又东，迳湟源县城南，右纳一小水，名下纳隆口；又东，药水自西南来入之，《县志》谓为湟水之南源，其流颇长，详见二十八日记中《水经》："羌水出西南山下，迳护羌城东，护羌城当在今药水西岸察军素庄附近。又东，北迳临羌城西，余疑县城东南湟水南岸之南古城址，当即临羌城也。与临羌县故城、临羌新县故城，当作三地为是。东北流，注于湟。"当即药水也。

　　湟源县当青海蒙番出入之大道，故虽小县，而商务颇盛。今据《县志》所载，并参以访闻，列进口货表如左（下），亦可见青海出产之大概焉。

青海蒙番每岁进口货物数目价值一览表

货目	进口总数	价值	总计
番马	五百匹	每匹十两	五千两
蒙番牛	六百头	每头十两	六千两
羊	二万头	每头二两	四万两
青海鱼	二十万尾	每尾四分	八千两
羊毛	二百二十万斤	每斤二钱	四十四万两
羔皮	十六万张	每张八钱	十二万八千两
大羊皮	一万五千张	每张三钱	四千五百两

青海蒙番每岁进口货物数目价值一览表（续表）

货目	进口总数	价值	总计
牛皮	一万五千张	每张二两	三万两
野牲皮	五千张	每张平均二两	一万两
马皮	五千张	每张一两	五千两
野马皮	五千张	每张二两	一万两
野牛皮	五千张	每张三两	一万五千两
骆驼毛	二万斤	每斤三钱	六千两
鹿茸	四百架	平均每架五十两	二万两
鹿角	二万斤	每斤一钱五分	三千两
麝香	三百两	每两二十两	六千两
大黄	十万斤	每斤一钱	一万两
蘑菇	三千斤	每斤三钱	九百两
金	五百两	每两三十换	一万五千两
硼砂	二万斤	每斤二钱	四千两
火硝硫磺（黄）	二千斤	每斤二钱	四百两
铅	二千斤	每斤二钱	四百两
皂矾	一万斤	每斤五分	五百两
青盐	三百万斤	每斤一分	三万两

统计七十九万七千七百两

按湟源县商业，以前清嘉道之际为最盛时代。伊时，海藏之货，云集辐辏，每年进口货价值至一百二十万两。咸同兵燹以后，番货滞积，商业遂衰。近年以贩皮毛者渐多，商务稍有起色，然每年进口之货，推其极数，不过七十余万，较之从前，尚差四五十万之多，且货价视昔增倍，即羊毛一项，比诸光绪初年，增至七八倍之谱，比较货价之增益，知货额之损。以鹿茸一项而论，昔年至一千七百余架之多，今则二三百架而已，其他皆类是。细究其故，则由昔年蒙、番、西藏之货，大都以湟源为销场，近则藏货西泄于印度，玉树之货南泄于川边，蒙古之货北泄于甘凉、瓜沙，贸易之途日多，是以湟源之商务日衰也。

藏货每年由西藏商上差噶尔琫运至湟源，约共千余包，其中：氆氇居十之五，_{佳者一匹至值银五十两。}藏香居其二，_{有一束值银数两者。}藏经居其一，_{以金写者价值最昂，每卷经有售银五六百两至千余两者。}其余如藏枣、藏桃、藏红花、雪莲等药材居其二。每包价值平均以百金计，共值银十万两左右，销丹地者，不及十之一，余由藏番自运，近赴塔尔寺，远赴北京、库伦销售。藏番往返运货，例不征税，故任行内地，漫无限制，甚至包庇奸商，携带禁物，紊画一之规，漏唯正之供，虽曰优待远人，然稍伤偏枯矣。且英人窥藏，已非一日，印度铁轨，已越喜马拉雅山而过，将来或逞无厌，援今日藏商之例，以横行腹地，将何词以拒之？曲突徙薪，不可不早筹限制之策已。

玉树番货每年自运皮毛、药材等类，至湟源销售。道光时，每年售银至六七万两，近年二三万两而已。

青海出产羊毛甚多，其进口亦不止湟源一处。今据调查所得，除湟源进口每岁二百二十万斤外，循化、拉卜楞、隆武寺三处，岁进口一百三十万；鲁沙尔、上五庄二处，一百五六十万；俄博、大通、永安等处，一百万；贵德一百万；永昌、黄城滩五十万；肃州、敦煌一百万；玉树羊毛南出川边打箭炉者，亦有一百五十万斤，总计一千万斤有余。近年天津、山、陕商人，贩至京、津、张家口一带，转售洋商，多获重利，皆购有海关子票，内地税局，不能过问，但验票而已。甘肃司计者为挽回利权起见，就羊毛进口之处，设立皮毛公买所，每百斤抽银二两，计西宁一道，每岁抽银十万元之谱。羊毛进口之处，均有歇家。歇家者，其初不过通番语之牙侩而已，自近年洋商以重金购毛，而不能直接与番人交易，又番人之所信者，亦唯歇家，于是歇家得以居间为利，变牙侩而为栈商，买贱卖贵，不名一钱而起家致富，往往拥赀巨万，交通官府，与搢（缙）绅齿矣。于是官厅思分其利，遂有所谓歇家领照税者，盖专业许免税之类也。计湟中十三口歇家，岁出领照费约三万元。

湟中食盐皆仰给于青海。青海盐池颇多，以达布逊淖尔为最大，东西二百七十余里，南北六十余里，在青海西南，为和硕特蒙古南左翼次旗扎萨克所管，距湟源县三百五十里。旧例，唯准蒙民之穷者，由该管王公领照，驮运至湟源，与汉番人民换易布匹、口粮等物。蒙民纳薄礼于郡王，便可装载六七驮，约六日可至湟源，亦有运往贵德、大通、鲁沙尔、上五庄等处销售者。其价因蒙古去来之多寡为涨落，贱时每盐一升，易青稞一升，遇贵即须升半、二升。青稞一升，价最贵时约值银一钱五分，每升盐重一十五斤，是每斤至贵，值银一分而已。计青海进口之盐，每岁约三百余万斤，由湟源榷运局每百斤征税洋二圆，岁共六万余元；西宁七县专卖税，亦岁额六万圆左右。民间食盐，每斤值制钱六十余文。余按青盐系天然产成，其淖泊之广轮，大于河东盐池数倍，又自达布逊池迤西至柴达木，小池甚多，实有取之无尽、用之不竭之势；然河东盐池运销数省，而青盐止行销于湟中者，以交通不便，转运艰阻故也。盖蒙番进口贸易者，有余牛始运青盐，而及其运至湟源，每驮不过值银一两，甚或不及。夫涉三四百里之遥，而所得仅此，宜蒙番之不视为生业，而盐之进口者少也。而内地商人亦以道阻价廉，无利可图，莫前往者。官厅虽以贱价收盐，然来源不旺，所得无几，而每斤官价六十余文，在生活较低之地，民间已有淡食之虑。夫坐弃自然之利，而公私交受其病，天下可喷之事，孰过于此！倘亟经营青海附近，开辟道路，使数百里中，屯牧相望，寄宿有所，则收青盐为国有，自运自销，每岁出盐，当增至二十倍以上。销场日益推广，盐价亦可稍平，国课日增，而一切拓殖之大业，皆有所挹注以经始矣。将来经略青海，此为第一要着，而振兴皮毛公司，抑其次也。

青海产金亦多，北部则大通河流域及甘州之野马川、肃州之滔赖河上流（皆在青海境内），岁产金约一千五百两；中部则贡尔勒盖、黄河道佛山沟、玛沁雪山等处，岁产金约五百两；南部则玉树、娘磋、称多等处，岁产金约三百两。此皆用土法开采，每岁所得如此。他如隆冲河之银在海南、木勒哈拉在海北之红铜、柴达木之铅，或已经开采，或旋开即废者颇夥。唯以上矿产，多在寒苦无人之地，承包商人，募丁往采，每岁兴工，止宜夏秋两季；道路鄙远，粮运艰阻；毗连野番，时遭抢劫。故矿苗虽旺，而弃地者尚多也。

十月二十八日，即旧历九月初十日。自湟源县起程。过湟水，沿药水西南行，四里至董家庄。里许过桥，至蒙古道庄。七里复过桥，缘右山麓行，三里过一小水，至察罕素庄。距县治十五里。五里至大高陵庄，庄南有水，自西来，东注于药水。五里至小高陵庄，庄南亦有水，出西山，东注于药水。折西南行，入峡，道旁崖石有刻文曰"辟山通道"，其旁小字，漫漶剥落，不可复识矣。十里至药水塘。北距察罕素庄二十里，南至窝药塘二十三里，哈拉营三十五里。十里至兔尔干庄，庄南有水自西来，东注于药水，东科寺在水上流北山根。折南行，二十三里至窝药口，有水自西来，入于药水。十二里至哈拉库图城，药水东西二源，于城北交会，城据西南山麓，形势颇险，西距日月山二十里，扼蒙番进口之大道，前清常住守备一员，兵额二百四十名。城东南山阜上，有古营盘遗址，隔水东北山上，亦有古时牧营马处。附近崇椒有料瓣台。余考《通鉴》，开元十七年，朔方节度使信安王祎攻吐番石堡城，拔之，更名振武军。胡注："自鄯州鄯城县（即今西宁县治），河源军，西行百二十里，至白水军（当在今湟源县治附近），又西南六十里，至定戎城，又南隔涧七里，至石堡城，本吐蕃铁仞城也。宋白曰：'石堡城在龙支县西，四面悬崖数千仞，石路盘曲，长三四里，西至赤岭三十里。'"武疑哈拉库图城东南山阜上之古营盘，当即石堡城遗址，东北隔水山坡之上料瓣台当即定戎城遗址，此处西距日月山二十里，山皆赤色，当即所谓赤岭；唯龙支在今碾伯县⑤南，距离稍远，又形势之险，不如宋白所言之甚，抑古来文人铺张形胜，武将侈陈战绩，往往有失实之处，正不必泥其辞耳。是日本斋用向导之言，取窝药口捷径以向日月山，余等缓行在后，至口为山麓所蔽，遂遵大道，前至哈城。旋知其误，西北却行，截数山麓，至窝药口西山坡上，与本斋会，时本斋憩息已数时矣。凡枉道几三十里，然得备历药水上源之曲折，及见哈城之古迹，亦无憾也。是日共行八十五里，到则披草而卧，纵马于野。黄昏，辎重始至，就地扎帐，炊时烧牛粪为薪，鼓鞴吹火，用石支锅，以囊盛豆，系于马口，氎裹其背，绳绊其足，居然塞外游牧之景况矣。宿处为日月山之东麓，附近无居民。

十月二十九日，即旧历九月十一日。早八点十分，自上窝药起程。西南缘山坡行，山麓歧出，如水禽之蹼然，约十余里，至日月山。山高出海面米达三七五八，峰顶堆石为卡，甘青于此分界，山顶皆沙质红色，所谓赤岭者也。按《通鉴》开元二十一年丁酉，金城公主 时嫁吐蕃 请立碑于赤岭，以分唐与吐蕃之境，虽未久即仆，然亦可见日月山之为汉蕃交界，其来久矣⑥。自山以东，为耕稼社会，村树络绎不绝于道。自山以西，则为游牧社会，荒草极目，时见牛羊，天地之气，划然为之一变。西南行十余里，下山至黑城子，土垣一周，无民居，阿什汉水城在其东南，城稍大，亦无居民。有水出日月山西麓，三源并发，合流西注于青海，土人谓之倒淌河⑦。盖内地之民，东流见惯，甫过山卡，乍觌（睹）西流，遂目为倒淌河耳。循倒淌河北西行，约三十里，至察罕城南十里许倒淌河滨，插帐而宿。是日行五十余里，宿处水草丰美，牛粪亦多。

察罕城在北山根，即日月山分支，所谓察罕托洛海者也，察罕译言白也，托洛海言顶也，以山顶常有积雪故云。东北距丹城一百二十里，东距哈拉库图尔七十里，东南距阿什汉水城二十里。前清雍正元年，洛卜藏丹津诱诸部盟于察罕托洛海即此。陕甘总督那彦成筑城设防，以控制野番，咸丰六年撤防，城遂废，今止有土垣一匝，内有公廨数椽，无民居，每岁青海长官祭海时，会盟蒙旗王公于此。倒淌河一带，本蒙古绰罗斯南右翼头旗原牧，现为贵德南番千卜录族所据，其说见后。自察罕城西行十余里，为将军台，稍西为会亭，皆土垣一匝，无居民。又三十余里，可至青海滨，是为赴海北之路，是行迫于程期，未得前往游览，亦憾事也。张石洲《蒙古游牧记》于青海历史颇详，今节录如下："青海在西宁西五百里，古名西海，亦曰鲜水海，亦曰仙海。古音读西如鲜、如仙，故先零亦谓之西零也。《汉书·地理志》，金城郡临羌县西北至塞外，有仙海、盐池。《赵充国传》，酒泉太守辛武贤奏言：'可分兵出张掖、酒泉，合击开罕在鲜水上者。'又上以书敕让充国曰：'鲜水北去酒泉八百里。'又充国上屯田奏曰：'修隍陿以西道桥七十余所，令可至鲜水。'又《王莽传》，中郎将平宪等奏言：'羌豪良愿等愿为内臣，献鲜水海、允谷盐池，平地美草，皆予汉民。'北魏始名曰'青海'，亦谓之'卑禾羌海'（按《辛卯侍行记》：卑禾羌海即今青海东北之巴哈泊是也）。《水经注》：'湟水东迳西海，盐池北，又东南迳龙夷城，又东迳卑禾羌海，北有盐池。'阚骃曰'临羌县西有鲜禾羌海，世谓之青海，东去西平二百五十里'是也。海周回七百五十余里，中有二山：一曰魁孙陀罗海，峰峦纯白，上有小庙，庙内番僧于冰合时，出取一年之粮入居焉。一曰察罕哈达，近西岸，其峰卑小，多土少石。二山东西对峙，水色青绿，中流高起，冬夏不枯不溢。《魏书·吐谷浑传》，青海周围千余里，海内有小山。《旧唐书·吐谷浑传》，青海周围八百余里。明《一统志》：'青海方数百里，有鱼无鳞，皆负黑点，西游荄三字疑，七十二道水，汇为西海，冬夏不溢不干，自日月山望之，如黑云冉冉而来。'以今证古，载记略同也。惟海中古出名马，今则未闻。《魏书·吐谷浑传》：'海内小山，每冬冰合时，以良牝马置此山，至来春收之，马皆有孕，所生得驹，号为龙种，必多骏异。吐谷浑尝得波斯草马，放入海，因生骢驹，能日行千里，世传青海骢者是也。'《隋书·炀帝纪》，大业五年，置马牧于青海渚中，以求龙种，无效而止。然则天马来西，信属太乙奇况矣。青海番名库库诺尔，旧图作呼呼脑儿。《元史·宪宗纪》：'四年甲寅，会诸王于颗颗脑儿之西，乃祭天于日月山。'颗颗今亦译改为库库，盖已确知其为青海矣，而并改金山以北之称海为青海，斯大谬耳。本朝雍正二年，大军征贼党阿喇布坦、温布等，追至诺尔北岸伊克哈尔吉河时，人马渴甚，求水不得，忽有泉从营前涌出成溪，士马就食得不困，众欢呼奋勇，遂获贼首。督臣以青海效灵奏闻，诏封青海之神，立碑致祭。"《湟源县志》："海周七百余里，为众水会归之所，东西长而南北狭，海岸四面皆有水泉，厥草丰美，宜畜牧，号乐土。近经地学家考究，古时海水极广，西与柴达木低地旧湖通连，北魏时，周千余里，唐时尚八百余里，今只五百五十里，共占一万八千五百方里。"又曰："海中偏东一山特起，名曰奎逊托罗海，峰峦纯白，上有石洞，番僧于冰合时，携一岁之粮入居焉。稍西，又出一峰，曰察罕哈达，远望万倾（顷）波涛中，若翠盖涌出，所谓'水晶盘里拥青螺'者，犹未足仿佛其景也。"又按《西宁府志》云："青海在县西二百七十余里。""夏秋远望，碧波拍岸，势欲倾泻。"南岸一土股，阔仅百步，北伸入海数十里而没，名为"海带"。又唐天宝七年，哥舒翰筑神威城于青海上，吐蕃攻破之，更筑于海中龙驹岛，有白龙见，更名曰应龙城，旋陷于吐蕃。今按滨海周围故城址甚多，哥舒翰先筑之神威城究难确指所在。至海中小岛，山势孤峭，地甚逼窄，惟有石洞茅舍，其上仅容羊四十头，供三四人终岁之食而已，恐无筑城置戍之地也。

倒淌河流域，东西长约百里，南北十余里，宽处或二三十里。河流甚缓，水味亦甘，气候平和，草亦丰美。将来振兴垦务，此处最易下手，盖近河平地，既可凿渠引水，沿山坡地，亦可掘坎取水（山草甚茂，斜坡上十五度以下，土质泥沙相杂，易含水分，倘掘地成渠，互相沟通，水虽小，可以渐汇为巨流，新疆南路缠回多用此法），且距内地最近，招徕亦易也。

十月三十日，即旧历九月十二日。早七点十分，由倒淌河滨起程。西南行，约数里渡河，循南山麓西行七八里，折南入一土沟上山，番名瓦尔衮山。《胡文忠图》作和岳尔托罗海，法图作倭育尔托罗海，皆一音之转也。余等登峰，以望青海，此处西北距海尚五六十里，远镜窥之，一片蓝色，海心山若覆碗然，因名其山曰望海峰。北望倒淌河北、察罕城、将军台甚显，台东坡下，有番族黑帐。瓦尔衮山高出海面米达三六八〇。下山，循一石沟，番名色娘阿曲，折西南行，沟中无水，有大青破石，行颇艰，沟长约十五六里，出沟，得一大原，一望平衍，细草芊绵，绝好牧场也。沟口之东南，有一泊，即巴彦淖尔也，东西长约六里，南北阔二里余（《蒙古游牧记》谓巴彦淖尔周四十余里，已非其实，又谓水西北流出，屈曲数十里，入和尔必拉，尤谬。余按"和尔必拉"⑧，当指和岳尔托罗海山。番人谓山曰拉，托罗海者，谓山顶也。所谓西北屈曲流出之水，当指色娘阿沟，盖沟中有水时，则东南注于淖尔。石洲所据之图原不错，特不识山水公例，误倒其首尾耳！青海淖泊甚多，除扎陵、鄂陵二海外，余皆低洼之地，四山溪水，汇潴而成，有入路而无出路。旧日图志，多误认淖泊为涌出之水，旁溢四达，甚至有绘为互相灌注之势者。譬有两水，其源甚近，而东西背驰，各赴一泊，其间必有分水之高地，绘图者未曾亲历，妄缀为一，于是东西两泊，遂若互通，谬种流传，误人不浅，今附辩于此，后不多赘），水甘可食，番人环淖扎帐，皆千卜录族也。此地本蒙古辉特南旗原牧，后为番族所据，说见下（淖尔东南有山口，路通贵德）。西南平行三十里，原竟，下一陡坡，至冬巴庄，其居民约数十户，多自巴彦戎⑨迁来者，稍有田畴室庐。千卜录、卡卜恰、郭密三族，于此分界，此庄属卡卜恰，庄南属郭密，庄东属千卜录（按千卜录有千户一员，现千户名逊诺郝喜，属民八百余户。其牧地东至日月山，北至察罕托洛海，西北至海滨，南跨瓦尔衮山。占有巴彦淖尔及淖尔西南之大原，南原尽处，与郭密为界，西原尽处，与卡卜恰为界。千卜录帐居游牧，卡卜恰、郭密皆耕牧相杂）。西行偏南，连过多数小山麓，如手指之疏布者，其间有数小溪，皆南与流卡卜恰河会⑩。自冬巴迤西南，凡经世阿加、惹贡马、猗阶勒、梭儿加、沙尔加等番庄五（皆卡卜恰属）而至卡卜恰，其首庄曰加拉，宿。是日共行八十里。加拉庄即卡卜恰头人住所也，此外尚有梭忌郝、鸡洞、托海、哈寺儿、二十台、郭密香喀等番庄，皆归卡卜恰头人所管。卡卜恰乃地名，本蒙古喀尔喀南右翼旗原牧，番名尔客贝勒，现居番族，则自称龙娃，言从贵德龙阳峡迁来之人也⑪，约共五百余户，无千户，其头人由各庄轮流公推强有力者为之。卡卜恰有水，出北山（即瓦尔衮山脉在青海南岸者），南流经卡卜恰庄，又南至郭密香喀，右受二小水，折东南流，冬巴、世阿加、惹贡马诸溪水，自东北来注之，又东南至郭密入黄河（此水法图名查布扎河。余按即《游牧记》所谓乌兰布拉克河也。记云："河源在青海东南百里，有泉百余泓，望之亦如星宿海，会为一水，南流三十余里，有二水自北合而来会，又东南七十里，入黄河。"今按之亲历，形势皆合，各图皆以倒淌河当之，误也）。乌兰布拉克河之两岸，旧河崖各高三十余丈，东西相距六七里，其中拓为平地，南北屈曲斜长，自卡卜恰以至郭密，三十里中，田畴错列，渠水交流，气候温暖，菜蔬亦有数种，称为塞外沃土。其种田之民，汉人居半，乃近年青海垦牧局所招徕者，然皆贫弱无资本，官厅又不能保护（卡卜恰现归湟源县管理），皆役属于番目，是以发达颇形迟滞。河崖以上，则皆高原，风劲水少，农事未兴，只宜畜牧耳。郭密在卡卜恰东南三十里，地濒黄河，为西宁县直接管理之贡马番族，现分龙奔、簪木站二族，各据一庄，共三百余户，西北以郭密香喀与卡卜恰分界（郭密香喀之民分属焉）。是日以人马猥多，就加拉庄东南野地扎帐而宿，野草不敷秣马，乃购干刍以足之，烧粪亦从庄中购得。卡卜恰高出海面米达三二九〇。

十月三十一日，即旧历九月十三日。早六点钟自卡卜恰起程。西行过二沟，皆无水，连上高原数层，北近山，南望无际，原上无水，多芨芨草，不甚丰。约三十里至马鬣滩（番语阿浑马淌），有切杂杂族番帐，属千卜录千户，有百户一名。滩北山根，有庄曰二十台，属卡卜恰庄，东有千卜录寺。北山有谷，循谷行约一日程，可至海滨。又西行，稍偏南，岗陵起伏，草渐丰，沙中草丛累累，然草多刺，不适牧马。过黄沙垅，下坡，有一水自北而南，注西泥河。初拟宿此，因水冻涸，遂仍西南行，远望南山根有水，乃前至水滨，即西泥河也，下流潴为西泥淖尔，得一番民插帐旧址，地名窝逊，干粪甚多，宿焉。时十二点五十分，共行六十里。是处东距西泥淖尔约十里，西泥河于是处分流，复合成一环形，其间草颇丰，纵马牧焉。是处本和硕特南右翼末旗原牧，现为贵德南番都受族所据。

十一月一日，即旧历九月十四日。早六点四十五分，自窝逊起程。先渡西泥淖尔河支流，行滩中，水草沮如，小泊甚多。西南行数里，过西泥淖尔河正流，水及马腹，约宽四丈，渡后行二里许，上黄沙岗，陂陀起伏，榛莽塞路，沙细软难行，曲折约二十里，岗竟至一草滩（番语行俺阿哈，译言干草滩）。滩南北均有高岗，相距近十里，岗上均系平原，又数里至贡朵淖尔东⑫，沿淖南岸行，地多沮如，有碱质，淖东西斜长约六里，南北宽二里许，水色极青，味微咸可食，水面有小鸭甚多，飞泳其间。至淖西滨宿。淖尔左右，仍都受番族游牧，干粪甚多，草仅芨芨一种，质韧不适牧，而附近又无丰草（番子已经牧过故也），乃驱马就草数里外，黄昏始归。是处虽在水滨，而取水甚难，因濒淖泥宽数丈，人马不能前进，觅得番族所掘之泉，始得水。是日共行四十五里。

十一月二日，即旧历九月十五日。早七点钟自贡朵淖尔起程。西行过沙草滩，里许，路北有数小泊，或断或续，又数里，过小山麓，地势起伏，草渐丰，约十里至一草湾，牧马约二时许。遇番族驱牛羊十数群，络绎而来，每群牛羊约数百头，中有番骑三十余，均负枪（有毛瑟、来福、土枪数种），上有机子，怒马飞至，状颇凶悍。令通事询，悉系汪什台克族，所驱牛近万头，多驮羊毛，间有驮酥油者，因购羊五只，每只价银二两，就地宰剥，驮载而行。过此则平原弥望，草亦丰，乃切吉滩也。约行三十余里，原竟，至一山口，切吉河所出也，地名切吉河口，宿时午后二点。是日共行五十里。是处水草均有，唯粪稍艰。切吉河导源南山，出口后，北流注于西泥河，夏日有都受、阿粗呼等番来牧于此，冬则徙去。闻距切吉河口北约十里，有番庄，皆木屋龙哇人也，过日月山后，至此未见一木，木屋之说，未知确否？惜未能目验之也。是日在途大风甚烈，因原高无蔽故也，至山口风稍息。

十一月三日，即旧历九月十六日。早七点半自切吉河口起程。南行二里许，进山口，两崖巨石夹峙，缘左山麓行，数里下坡过水，山势渐开，中抱一滩，纵横各十余里。滩中草木不甚丰，路左水滨，有大石磊一，系班禅喇嘛过此时扎帐处也。由滩中西南行十余里，抵右山麓，由此东行约三十余里，可至河卡。由河卡东北行三十里，出一山口，曰小塔拉，又经一大原，曰大塔拉，凡一百六十里，至郭密。此路无水。由郭密东北行，三十余里至巴彦涝〔淖〕尔。上下山麓，南行数里，山势渐合，入沟，行十余里宿，地名切吉河脑，当即法图所谓和屯布拉克者是也。是处水草粪均有，到时午后一点。是日共行四十里。

十一月四日，即旧历九月十七日。早六点十分自切吉河脑起程。南行数里，过山，上下山皆青沙石，是山乃西泥河与大河坝之分水岭也⑬。下山，缘右山麓行，过数小溪，<small>数小溪合流，东南入大河坝水</small>。山麓迤东，均系平原，有小山孤峙其中，大河坝水流其南，其北有路，通河卡。又缘右山麓，折西行数里，渡大河坝水，深不及二尺，而冰石槎枒，马易颠蹶，过者惴息。河水两岸，皆危崖壁立，高三十余丈，渡口左右，石坡甚陡。上坡，西南行高原中，十余里入一沟，沟竟过山，山名道拉结，路多大石，循一沟下山，数里过恒蔼河，当即胡图衮额尔奇河也。河东流，北会大河坝水，而深广倍之，下流即胡图之呼呼乌苏河也。河之上流，有歇加族番帐。东南上一小山，下山里许，得一大滩宿焉。滩四面山势环抱，中平如砥，名班禅玉池（班禅喇嘛过此札帐处也），当即法图所谓沙拉兔者是也，《平番奏议》又名助勒盖，札梭拉山水出西南山，东北流至滩东，入恒蔼河。到时午后一点十分。是日共行七十里。是处草粪均有，汲水杂梭拉河⑭，距离虽近，而河岸甚陡，上下颇不易。

十一月五日，即旧历九月十八日。信宿班禅玉池，以息马力。按呼呼乌苏河流域，土质膏腴，水草丰美，迤东滨黄河一带，至于郭密，地势较低，森林矿产，所在多有，气候温暖，开垦尤易，唯毗连野番，时有抢掠，移民则无以自卫，驻兵则转饷艰难。前清道光之初，陕甘总督那彦成拟乘勘定野番之威,在助勒盖一带,设防兴屯,卒以经费无着,不果施行。考东汉时隃縻相曹凤上言,西番为寇,居大小榆谷,《辛卯侍行记》谓大小榆谷在贵德西南一百三十里之乌兰河左右。余疑今硕尔郭尔河等水,即大小榆谷,实与呼呼乌苏河入黄河之口相近。地方肥美,有西海鱼盐之饶,阻河为固,故常雄大,宜规固二榆,广治屯田,植谷富边,省委输之役。盖当时西番以二榆为根据地,又跨河西北,有西海鱼盐之饶。凤意欲扼黄河津渡,断其北侵,且制其利源也。唐史言河西九曲,水甘草良,宜于耕牧,按黄河自积石山西北折而北流,左纳胡鲁乌苏结博河、巴克戈尔什河;又北稍东,呼呼乌苏河、硕尔郭尔河左右翼注之;又折而东流,查卜恰河自北、乌兰河自南来注之,唐人所谓河西九曲者,当指此言之。故为蒙古六旗牧地(见下),现为刚咱等八族所据。金城公主下嫁吐蕃,遂以其地界之,为公主汤沐邑,吐蕃因就畜牧,自是屡犯边境。高宗时,黑齿常之败吐蕃赞普于大非川今柴达木河,以河源当指隋河源郡,在今青海东南,郭密地方,尚有古城遗址。冲要,置烽戍七十余所,开屯田五千余顷。⑮是河曲左右,在汉唐之世,已经开垦,著有成效,乃今日犹榛狉未辟,宝藏封弃者,盖吾国人素乏殖民之能力,故旋作旋辍,卒不能立富强远大之基也!夫开辟荒土,兵屯不如民屯,民屯不如商屯,是何也?耕战兼营,势必两误,名美而实不可行。移民实边,则富者不愿应募,而应募者必贫穷无依之人,牛种、农器、室庐、资遣之费,皆须仰给于官,公款有几?推广实难。经营伊始,唯有奖励巨商,先从事于森林、畜牧、矿产诸业,俟有所获,则指拨荒地,令其招佃承垦。其始在以兵保商,以商兴屯,期终在以屯积谷,以谷养兵。供馈不烦内地,则兵可久驻,兵可久驻,则野番之侵盗自绝，而投资兴业者，将络绎而至，地辟民聚之效，固可操券以俟已。

十一月六日，即旧历九月十九日。早六点钟自班禅玉池起程。缘西山麓，循札梭拉水_{当即法图所谓伊克戈尔什河也}。南行，连过九溪，_{溪水均出西山，东注扎梭拉水，内有一温泉，水颇盛}。于西山见野马二群，群各数十，有黄、黑二种，项下、腹、腿皆白色，长颈休耳，顾视轩昂，见人则停立观望，近之始逸去。行三十里，有水自东南来，_{当即《游牧记》所谓依马图河，法图作依麻兔}。入于扎梭拉水⑯，_{汪什台克番族游牧是水上源，现其千户名柴架，其番帐距此约三日程}。西南入扎梭拉沟，十里宿，到时十点五十分。是日共行四十里。是处草粪均少，凿冰取水。

十一月七日，即旧历九月二十日。早六点钟自扎札梭拉沟起程。西行偏南三十里，过札梭拉山⑰，即朔罗山，路多青红石，_{高出海面一千四百五十丈}。下坡缘左山麓行，积雪甚厚，深处及马腹，寒甚。坡竟，得一大滩，雪渐稀薄，无草，西山一支麓迤出滩中，东西横亘，长约十里，南北二水_{南水即羊肠沟水，北水其名未审}。夹流，至麓竟处相会，又东入于黄河，即法图之巴克戈尔什河也⑱。过水，冻涸。上下山麓数里，至羊肠沟水滨，_{冻几涸}。沿水西行，入羊肠沟，十里宿，到时十二点半。是日共行六十里。宿处草粪均少，人食消雪，凿冰饮马。

以上二站，取水既艰，粪草又少，旅行极苦，是以不敢多行，遇便即止。凡行番地，见水草丰美处，即宜止宿，否则住处错过，赶站不及，人马均困，旅行者所宜知也。每日止时，先纵马食草，弛装于野，席地聊憩已，乃各棚四出，采拾牛粪，俟辎重至，则就地插帐，安锅造饭。边地苦寒，饮食以熟烂为贵，最忌生冷；插帐宜近水滨，否则汲水不易，人马均困。自卡卜恰至此，并无人烟，终日亦不见行人，欲问地名，亦苦无从，真所谓穷荒绝塞也。此地旅行，以八九月为最宜。盖冬则大雪封山，水冻草枯；春则寒风凛烈，冻犹未解；入夏以后，青草虽生，而泥潦纵横，沮洳艰行；唯深秋则边草尚黄，路途较干，其冷亦不过比内地大寒之时而已。常行是地者，有韵语曰："正二三，雪封山；四五六，雨淋头；七八九，正好走；十一腊，肉开花。"其言虽俚，却真况也。又此行同事中，有以"清泉细草干牛粪"七字，令余属对者，余对以"快枪健马老羊裘，"盖皆出塞旅行，早晚所必需者也。

十一月八日，即旧历九月二十一日。早六点，自羊肠沟起程。西行七八里，折西南行，二十余里，至山梁，即江拉山，高出海面四八三〇[19]。见野牛百数十头，截梁而过，同行放数弹，未获。下沟，得一大滩，细水皆东南流，冻洄，疑即希拉哈布河之上源也[20]。缘西山麓行，至钦科奢马[21]，译言泉多之意。宿，时午后二点。是日共行六十里。此地温泉数眼，水颇旺，积流成河，东入白尔东海[22]。即都勒泊，在玛沁雪山之北。本日沿途雪厚，无好草宿地，草亦不佳，唯粪多水近。宿地在西山坡，坡前大滩，广十余里，遥见野马数匹，载坤与同行数人往猎，以距离太远，放斜无烟枪数弹，中二弹，终未倒而远飑，甚矣野马之健也！是晚后行者在途击野牛，连毙二头，其大者以路远难致，弃之，仅宰其小者，以皮及四腿驮来。每腿重约三十斤，各棚分食，其味颇美。数日沿途野牛骨角甚多，盖来往番民所猎获者。以上数日，早晚天气较寒，白昼和平，均晴。

十一月九日，即旧历九月二十二日。早六点，自钦科奢马起程。过小山麓，经一大滩，无草无水，为雪所盖，长宽各十余里。西南至一壑，草始丰，牧马少时。过壑至一大滩，此地番名色马朵娘阿㉓，译言沙滩，盖以此滩中有沙土也。滩中有河床无水，草不甚丰，其水道似皆东北流，注于都勒泊。由此南行，复过小山梁，即阿拉克抄尔山脉也，高出海面四六三〇㉔。梁以南之水，皆西流入东科海，即扎逊池也，译言黑海㉕。由山梁余等与本斋分路。本斋西行至东科海滨拍照，余等西南行，山坡起伏无常，水仅细流，多冻干，草不丰，至咱给奢山口，与本斋会。入山口，行约十里，渡水，至一石崖下草滩中宿，地名咱给奢有㉖，译言二牛鼻相对，盖以水东西二石山如二牛对卧，以鼻相向也。咱给奢有即玛沁雪山之北口㉗，有二水自南来，至此合一，过山口，折而西流，入东科海。到时午后三点，是日共行七十五里。草丰水近，粪多，好站也。本日天气和平，过夜雨雪，约半寸，天明复晴。

按自倒淌河以南，玛沁雪山口以北，河曲迤西，凡乌兰布拉克、呼呼乌苏、巴克戈尔什、希拉哈布等河流域，本绰罗斯南右翼头旗、辉特南旗、和硕特南右翼末旗、土尔扈特南中旗、南后旗、西旗等六旗原牧，水草丰美，土地膏腴。自前清嘉道以后，循、贵南番刚咱、汪什殆〔台〕克、都受、千卜录等族，逾河而西，抢掠蒙古。时蒙古孱弱，不能自振，于是六旗移牧西宁沿边一带，依卡伦以自保。嗣经陕甘总督长龄带兵驱逐野番渡河，而六旗扎萨克因助勒盖等处，密尔番地，仅隔一河，不敢各归原牧，呈请缴还游牧之地入官。经长龄奏明，将助勒盖一带，指给察汉诺门罕住牧，即令防河，克克乌苏一带，饬同阿里克大百户住牧。嗣因白佛㉘勾结野番，分赃引路，经那彦成将白佛并野番驱回贵德原牧，拟迁河南四旗蒙古于河北，以实空地，事未果行。及撤防以后，南番仍抵冒渡河，不可究诘，以至于今，所谓刚咱八族者是也。八族即千卜录族，驻牧倒淌河流域及巴颜淖尔附近。都受族，驻牧马鬃滩及贡朵〔尕〕淖尔一带。阿粗呼族，驻牧呼呼乌苏北岸。俺加族，驻牧扎梭拉河东，恒蔼河南。歇加族，驻牧大河坝及恒蔼河上源。汪什台海族，驻牧扎梭拉水东源上流。达乌默藏族，驻牧巴克戈尔什河流域及东科海一带。龙哇族。驻牧呼呼乌苏南岸及卡卜恰一带。白佛本二十九蒙旗之一，原牧在循化边外，后于嘉庆二年，经策巴克奏准，移居黄河之南，窝赃引路，番案逐多，后又潜住河北，今驻贵德东南铁瓦寺。

大地之上有一土，必有与其土生存最宜之人种，谓之土种。土种者，歌于斯，哭于斯，聚国族于斯，虽有他族侵入，至于衰弱分散，而不能骤绝其种。而侵入之族，不久必被其同化，而为所役属，或为所驱逐以去，此在殖民主义未发达以前大概之公例然也。青海二千年来，迭为羌、浑、吐蕃、蒙古所据，然余求其有土种之资格者，其唯羌乎。吐蕃者，羌之别种，后出益劲，所谓附庸蔚成大国者也。考羌为三苗之后，《后汉书·西羌传》云："西羌之本，出自三苗，其国近南岳，及舜流四凶，徙之三危，河关（汉金城郡属县，在今贵德）之西南羌地是也。秦厉公时，有无弋元剑者㉙，始强大。"其占地甚广，《西羌传》云，"滨于赐支（即《禹贡》析支，在黄河之曲），至乎河首（即河源），绵地千里"，皆羌地，南接蜀汉徼外（今川西、川北及甘、肃、洮、岷诸土司），西北接鄯善、车师（车师今新疆迪化、吐鲁番等处，鄯善今罗布淖尔以南地）。又云："发羌、唐旄等绝远，未尝往来；旄牛、白马羌在蜀汉。"（发羌、唐旄当即今卫藏地，旄牛即川西土司，白马武都氐也，今阶州地。）统观诸羌之地，占有今西藏、青海全部及川西、甘南之地。其种别甚繁，《西羌传》："自爰剑后，子孙支分，凡百五十种。其九种在析支、河首以西及在蜀汉徼北；其五十二种衰少，不能自立；其八十九种惟钟最强"云云。青海不过其西北部而已。秦汉以来，其迭为雄长于其间者，曰先零、曰罕、曰开、曰烧当、曰党项、曰白兰，其名目繁多，要皆不出无弋爰剑之后。其间虽经张奂、段颎诸将穷追极讨，草薙禽狝，然其余孽，旋扑旋炽，卒不能使无遗种于兹土也。自魏晋之际，辽东鲜卑吐谷浑率其部众，渡陇而西，据今青海东南部之地，此为异种侵入之始。当吐谷浑盛时，临羌在西宁县西。以西，且末新疆东南境。以东，祁连以南，雪山巴颜哈拉山。以北，东西三千里，南北二千里之地，皆为所有。治伏俟城，俟音其，城在青海西五十里。号为可汗，凡传十六世，三百五十年。至隋唐之际，而鲜卑势衰，吐蕃强盛，诺曷钵以唐高宗咸亨三年，率其种落数千帐，徙处内地，以避土〔吐〕蕃之逼，初徙鄯州，后徙灵州。从此青海境内，遂无吐谷浑之迹矣㉚，此羌人复兴，逐出异种之证也。吐蕃之盛也，奄有西藏、青海、河、湟、松、维之地，安西、北庭、亦为所陷，旋即克复。盖举其同种所在之地，而统一之，实为羌人最盛时代。唐末，其势始衰，部落分析，唯唃厮啰一族，著于有宋之世，宋人常利用之，以制西夏，然其势视唐时远矣。金元继起，夷为藩属，初未尝殖其民于青海也。自明正德以后，套虏亦不刺及俺答等瞰青海饶富，相继窜入，据为牧地，此为异族侵入青海之再见，然或不久引去，其留者旋即衰弱；至清初，顾实汗自新疆侵有其地，而蒙古在青海之势力始定，即今和硕特等二十九旗是也。当蒙古之初入也，番人皆远徙，其留者反为所役属，故明末清初，蒙强番弱，驭夷者皆以抑蒙抚番为策。自嘉道以后，番人之势转盛，河南番族，往往渡河抢掠蒙古牲畜，蒙旗势分力弱，不能抵抗，皆率众内徙，依官兵以自卫。迨至那彦成进兵剿番，绝其粮茶，驱令渡河，而后蒙古得返故牧，自此以后，筹边者又变其方针，以扶蒙抑番为策矣。然蒙古衰弱，已成强弩之末，是以官兵一去，悍番仍抵冒渡河，侵占水草肥美之地以为牧场，故西宁进口羊毛，以出于番族者为最多且佳，近年以来，番人以羊毛致富，每族皆蓄有快枪数十百杆，蒙人弗及也。自今以往，苟无外界之侵逼，一听蒙、番之自兢，则天演淘汰之结果，蒙人必为番族所役属，以至于澌灭！是何也？盖二千年经过之历史，土人之生存，视客族而较适也。虽然自西人殖民主义发达以后，剋灭土族之新法，日出益工，屡奏奇效。彼青海毗连之西藏，为羌人之宗国者，已入英人势力范围之内矣！吾又安能以历史之旧例，断青海蒙番之将来哉，噫！此旧作《青海种族消长论》，今随载于此，以备参考。

十一月十日，即旧历九月二十三日。早六点半，自咱给奢有起程。西南行，过一大水草滩，长十里，阔六七里，草甚丰，多凹坑，马行常踬跌。入沟行二十余里，过大山，即玛沁雪山，高出海面四八五〇[31]，山上全为雪盖。西南下坡，稍有青片砂。约七八里，得一大草滩宿。滩长宽三四里，番名祷高拉力色薄，译言荒草滩之意也。到时十一点半，草丰粪多，凿冰取水。是日共行四十里。东西山有两水会于此滩，折南流入沟。

十一月十一日，即旧历九月二十四日。早六点半，自祷高拉力色薄起程。南行入沟，左右皆小沙山，无草，数里出沟，得一大沙滩，番名阿泽陡同，迤东南，名都云[32]，水皆东南流，冻涸，盖入黄河之水也。复西南行，经数小水，多冻涸，惟温泉一处，水虽小而洁。滩竟，逾大小四岭，以次而高，山阴三水，皆西北流，盖入拜河之水也。下山循一沟南行，至马拉有宿[33]。马拉有，译言即四小壑也，草丰水便，唯粪少，到时午后三钟。是日共行八十里。

十一月十二日，即旧历九月二十五日。早由马拉有起程。南行二十里，东西山势渐开，大水前横，即黄河也。此处西距鄂陵海尚有二百余里。是行意所过黄河，距源甚近，其势必小，且天气寒冷，冰桥必合，以故毫无预备。及至渡口，则水势浩大，冰澌蔽流而下，附近无人，无从觅筏。余辈拟绕越河源而行，且窥星宿海之真象，本斋以会勘期迫，恐迂道需日，则乘马率数人，在上下流探河深浅，皆不可涉，乃决计径渡，拟令橐驼驮载人与行装先渡，次驱马浮流而过。临时遣帐下健儿王长才入水探河，时寒风凛烈，王即倮（裸）体就水，游泳而至彼岸，已复折回此岸，水深处及肩。当其在中流时，几被洪涛卷去，赖岸上人呼噪助势，始努力自拔而出。出水后，面无人色，身为冰锋所犁，鲜血濡缕，观者为之泣下。乃急以姜酒灌之，被以重裘，两人持之狂奔数十回，始复常。又令壮士持斧，倮（裸）体入水，将两岸冰崖凿平，以便驼马上下。本斋乃乘健驼先过，水没驼腹，已令健驼回载余等而过。余上驼后，惟以左右手握定前后两峰之毛，屏气凝神，目不敢他视，渡至深处，驼辄前却不进，牵者力掣其鼻，始迟回前进，余时视彼岸如地行者，及登岸后，始庆更生，同人已过者，见辄相贺，乃立岸上观余人渡河之状。有健士不乘驼，策马径渡者甚多，见驼在中流不行，复勒马下水，牵之上岸，如此者数四；水没马脊，仅露其首；乘马者两腿皆在水中，不脱裤靴者，出水则冰结于肤，狂走始能去体；脱裤靴者，出水则足破指裂，鲜血淋漓，为之伤心惨目；有驼讫济，濡其尾，体重不能自拔者，则命壮士数人，倮（裸）体下水，扶之登岸。本斋自朝至暮，坐立河滨监渡，杖策指挥，口不绝声，未亲汤水；而帐下士卒，一闻命令，冒险不避，其平日收罗之广，号令之严，于此亦可见一斑也。最可奇者，甫渡毕时，有数劣驼，畏河不渡，入水辄却回，数人鞭策无效。时日已向暮，急切无法，本斋乃率众拜于河滨，顷刻毕渡，斯则泉涌疏勒，风返中牟，有不可以常理论者矣。是日即宿于河滨，共行二十里。宿处高出海面四五二〇[34]。

十一月十三日，即旧历九月二十六日，信宿黄河南岸。距宿处东三里许，南山支麓，向北迤出，既伏而复起，蹲峙河滨。过麓稍南山湾中，有一淖尔，周圆约三里许，与黄河不相通。古人述出塞之苦，李陵《答苏武书》及《吊古战场文》约略尽之，而此次行役之苦，则有较古人所言为尤甚者。"膻肉酪浆，以充饥渴"，此犹就有肉酪言之也，兹则行十余日，不见人烟，求肉酪亦不可得矣。"韦韛毳幕，以御风雨"，此犹（尤）为温暖也，兹则行军所用布帐薄幕，不能御寒，视毳幕如华屋矣，而早晚扎帐拔帐其苦为尤甚也。"沙草晨牧"，犹有草也，兹则大雪封山，无草可牧矣。"河冰夜渡"，犹有冰也，兹则将合未合，其困难为尤甚也。而空气稀薄，举动辄气喘不止，则古人所未言也。

十一月十四日，即旧历九月二十七日。早六点半，自黄河南岸起程。天阴微雪，须臾晴，大风。西南行，过一山麓，麓西有一淖尔，长圆形，周围约四里；并淖尔南行折西，又过一山麓，麓西有又一淖尔，名望乡海；并淖尔南行，有果狢〔洛〕番迎于道左。往就其帐，帐在山麓之坳，入帐，番酋进牛乳及茶，并献哈达数方。询知果狢〔洛〕番向系一族，现在共分三族：一仁清显木族，其头目名伊尔泽着马，女也，为循化南番拉卜楞寺加木样喇嘛甥女；一康革马族，其头目名讷知拉；一汪干多坝族，其头目未详。此处番帐，乃康革马属合苛马小族也。属番百余户，其头目系一老妪，名庄拉，其子名惹力讷贽，在火尔小族为头目，亦属番百余户。

果狢〔洛〕番每年运牛羊、酥油、羊毛、羔皮、牛皮等物，前往卡卜恰、郭密、丹噶尔、塔儿寺等处贸易，回运青稞、布匹等物。据称贸易往来，沿途多被俺加、些加族欺陵，到贸易地，又被歇家勒掯，不与附近内地之番同视，恳请发一护照，以免欺陵（凌）。随即谕以尔等以后宜安分驻牧，国家自有相当保护之法，并许是日来我军宿处，领取护照。及扎帐后，该番竟未来。按果狢〔洛〕一作俄洛，其大部分驻牧川边大小金川上流，及三都昆仑河一带。以其悻远不驯，屡烦官兵诛讨；其捕逃者，遂先后窜入青海，栖息黄河左右，现在玛沁雪山以南，巴颜哈拉山以北，河源迤东，皆其牧地。虽暂就西宁羁络，而鸮音总未能革，每伺行旅孤弱，辄肆掠夺，并窃掠附近各族牛羊。兵来则投诚，去则盗劫如故，以故不敢近内地贸易，入口则被人苛待，亦有自取之道。然吾欲收抚果狢〔洛〕，正须一视同仁，如绥之而不知恩，然后断其贸易，示之以威，未为晚也。

拉卜楞寺有罗州者，尝游历果狢〔洛〕各族，此次为繙（翻）译生，余询以果狢〔洛〕族分牧地，颇能言其大概，今录其说如左（下），以资参考。

果狢〔洛〕番大头目名昆干，有子三人，长名挪乌拉西，次名得外雀吉，为果狢〔洛〕得外寺寺在河曲。喇嘛，次名梭挪。大头目住昆干地方，在黄河南岸，东距买曲河有二日程。买曲河发源川边买火地方，北流注于黄河，疑即三都昆仑河之一。属番数万人，均帐居游牧。其头目如下：娃西色多族，住色多合地方，与川连界，现头人名朵落，属番甚多。阿群日摸族，住黄河北岸，距昆干一日程，现头人名朵〔尕〕马投妥，属番一千余户。阿穷工马村族，住黄河北岸阿群日摸族西，现头人系拉卜楞加木样喇嘛之外甥女，名儿计卓马〔玛〕，番属七百余户。汪干得巴族，住达科曲河，北流入黄河。东距昆干约二日程，现头人名汪干多地，属番五六百户。河可马族住江云即野马滩水，东北流入黄河。一带，现头人名蕊落，属番五百户。以上皆大族。又有小族，各有属番：冷可马族，住阿雄公朵，在黄河南三海子地方，现女头人名卓拉，属番百余户。打朵族，住江云西黄河南岸辖科沟，现头人名朵娃，属番一百余户。保吾族，住地与戳尼牙哈族毗连，现头人名多吉，属番二百余家。戳尼牙哈族，住地在黄河南，现头人名州妥，属番一百五十户。完达族，牧地未详，现头人名班歹，属番百余户。节冷族，牧地未详，现头人名梭善，属番一百二十余户。喀囊族，牧地未详，现头人名中干，属番三百余户。得浪族，牧地未详，现头人名才旺，属番五十余户。巴扎族，牧地未详，现头人名日乃，属番八十余户。以上各小族，均在黄河南岸。宗可得马族，住得云，得云水南流入黄河，源出马拉有地方。现头人名宗巴勾穷，喇嘛也，属番二百余户。宗可麦马族，住科云，水南流入黄河。现头人名梭拉，属番百余户。则娃族，住叶云地方，在黄河北，得云东，现头人名讷落，属番一百余户。干葱族，住扎木乌林科，水入科云。距拉卜楞寺十站，南距黄河半日程，现头人名葱囊，属番三百余户。刚车族，住科云，现头人名刚囊，属番二百余户。昆洒族，住黄河北，属番三百四十余户。娃当族，住近昆洒，属番六十余户。喀昂族，住东则拉地方，在黄河西流之南岸，现头人名阿穷，喇嘛也，属番三十余户。以上各小族，均在黄河北岸。果猡〔洛〕采粮于丹噶尔、拉卜楞寺及川边俺娃[35]地方。

南行数里，上下山麓，得一巨滩，大小湖泊，纵横遍地，均冻涸。西望有一大淖，北与望乡海相通，盖即望乡海之上流也，共计南北长二十余里，东西宽狭不等，水面冰结，覆以积雪，一望皓白而已。按法图有厄得灵池，下流为库兰河[36]，按之形势，此淖当即厄得灵池，唯下流连潴为数海，距黄河甚近，而不相通，此余等所目睹者。由湖泊间曲折南行，上下一黄沙岗，劲风挟沙，射面如刺。沙岗南又有一小泊，椭圆形，沿泊西南行，缘一支麓登山，积雪尺许，行至山脊，寒风凛烈，目不能视。下山行数里宿，地名江云，译言野马滩也。到时午后二点半，是日共行五十里，是处水草粪均有。宿处皆沙草冰堆，凹凸不平，斧其凸，填其凹，始得就寝。

十一月十五日，即旧历九月二十八日。早七点自江云起程。西南行数里，山开川平（即野马滩），而路却难行，缘草隙沙土，被风刮去，其草根盘结处，沙土岿然独存，遍地垒垒。夏日山雪消融，则水草沮洳；冬则凹处冰结，凸处霜草蒙茸，马蹄滑沰，颠蹶时虞，巴颜山南北低湿之地，均类此。数里过江云滩水，水东流，与朵云水会。又南行约十里，经一沙滩，又南十余里，过一小山，山南仍一大滩，与野马滩类，名朵云滩；数里过朵云水，水东流，与野牛沟水会。又南稍偏东，行十余里，过一山坡，入野牛沟，旁水南行，数里至一石山根宿，地名准哥隆巴。隆巴，译言沟也，准，野牛也。沟水东北流，与朵云水会，又东北与姜〔江〕云水会，又东北入于黄河，即法图之鄂罗巴河也。宿处多粪，故番族插帐处也，水草均便。到时午后一点，是日共行七十里。

十一月十六日，即旧历九月二十九日。早六点半，自野牛沟起程。过水，缘左山麓行，下坡，南稍偏西行，川势渐开；十余里山势又合，过水，缘右山麓行；十余里过一小溪，溪水出西山，东注野牛沟水。仍缘右山麓行；十余里山势稍开；又南约十里，上下山坡者凡四；约十余里，乃登一山，即巴颜哈拉山东北之支麓也。山顶则一大原㊲，积雪厚二尺许，寒甚。原东西时有小峰错峙，约行六七里，下坡。路左见同行军士所击毙之野牛横卧雪中，大常牛两倍，盖中十余弹而后倒，犹踞地怒目以视人。坡竟，得一平地宿，地名哇云滩。到时午后三点，是日共行八十里。宿处草粪均有，消冰以饮。同行以数马往驮牛肉，共重三百余斤，各棚分食之，肉质粗而味尚佳。

十一月十七日，即旧历十月初一日。早七点自哇云起程。西南行一大滩中，四山之水合流东注，即哇云水也，下流入于黄河。疑即胡图之沙克河，法图作所克河。截数水源，循西南一沟入，缘右山麓行，路多青石碎片，数里上峻坂，至山巅，番名插拉山，即巴颜哈拉山脊也。自过黄河以后，地日以高，盖已渐登巴颜哈拉山麓，及至山脊，故亦不见其高，按之气压表，高出海面一千五百六十丈，雪深风劲，人马气喘不止，摄氏寒暑表零下二十二度，时才旧历秋末冬初也。山西南水名奢云，即杂楚河[38]之东源，鸦砻江之上流也。山东北水即哇云水，黄河之支流也。山北乃果狢〔洛〕也，山南始入玉树二十五族地界。西南下坡，约行十里，即宿插拉[39]山根。到时十二点半，是日共行五十里。宿处草粪多，消冰而饮。

十一月十八日，即旧历十月初二日。早七点自插拉山根起程。西南循奢云水北岸行，过三小溪，内有一温泉。又西偏南行，经一沙滩，西行，上右山麓。玉树休马百长来迎，遂与偕行，下一陡坡，过奢云水，至该番插帐之所宿。到时十二点，是日共行六十里。是晚草粪均该番供给，又每棚各派番民若干，职爨汲水。休马族归竹节寺管，现百户名冬果，年四十九岁，生三子。自其父时已驻牧此地，今已八十余年矣。其第三子颇慧，已有储贰之势。其牧地沿奢云水一带，东西约二日程，南北约二十里，通名奢云。东北以奢拉山与果狢〔洛〕为界，南为咱曲喀娃之鸦云，此地向属休马，现为川番巴柔族所据。西与娘磋族以萨格拉吉山为界，属番有一百余户。据称永沙百户所管喀耐百长，尝有恃强逼处之意，该族久欲他徙，以望西宁来，故未果。休马百户就奢云水滨扎帐，其附近南北山一带，牛羊帐房，弥望皆是。自百户以下，多戴丰狐之冠，腰折花之剑；此剑出自西藏，值银半百。怀中出葡萄根椀，皆以银饰之；帐中有无烟快枪数枝，均英制，由藏来者，似亦非贫弱者。而问其属户，则曰百余，问其牛羊，则曰数十头。问属户，对于百长，岁纳赋役若干？则曰无之。盖番酋多诈，惟恐底里尽露，将加重负担，不知吾辈但欲调查其真象，初不利其有也。

十一月十九日，即旧历十月初三日。早七点半，自休马番帐起程。向西偏南，沿奢云水南岸行。沿河两岸，南北山麓，牛羊番帐甚多，行三十里不绝。又折南稍偏西行，过一大水，水出东南山，西注奢云水。南北山势，至此渐合。又南过一温泉，缘左山麓，上一高坡，下坡至一湾，地名诣他，系蒙古尔津百户属地，有番帐数座，因该族过坡来迎，遂就宿其帐旁。湾水西北流，注于奢云水。两水之交，地势平旷，有番帐，上坡时望见之，以不当道未往。到时午后二点，是日共行七十里，粪、水番支，草不丰。是晚蒙古尔津百户勿健诺布来谒，因其患病，未与详谈。时永沙百户戈木敲柴诞因往群扎寺，喀耐百长管。供支川军，便道来谒。该百户现年二十五岁，颇精敏。该族驻牧车扎、东群，即东群河流域，河出西北远山，东南流至诣他西，与奢云水合，是为咱〔扎〕曲河。夏日与蒙古尔津、白力登马、休马等族同牧一地，冬则异处。

十一月二十日，即旧历十月初四日。早七点自诣他起程。南行上一小山，下山过一水，水西流，注于咱〔扎〕曲河。未几，又上一山，下山循一水西南行，水西南注于咱〔扎〕曲河。未几，舍水南行，得一大滩，名巢陇峒⑩，宽约二十里，由滩中南行，连过二水，均西南注于咱〔扎〕曲河。上下一山麓，至咱〔扎〕曲河滨。沿河北岸东南行，连过三水：一名列且公玛，一名列且班马，一名列且朵〔尕〕马，三水均出北山，南注于杂楚〔扎曲〕河。三水上流，皆有番帐，询系蒙古尔津、白力马登、休马三族属户也。未几过杂楚〔扎曲〕河，缘右山麓行，始有大道，宽三四丈，平坦易行，道左有石磊，皆刻番文。下坡过一小水，前至咱〔扎〕曲水滨宿。到时午后二点，是日共行七十里，水、粪均便，草小。

十一月二十一日，即旧历十月初五日。早七点半自咱〔扎〕曲河滨起程。东南行，过一水，水自南山出，北流注于咱〔扎〕曲河。竹有节寺㊶番民三十余人，均骑马荷枪，自北谷出，前至水滨，下马释枪来谒。询系前往阿迷鹿瓦族追捕盗贼窃去之牛只。问追获否？言该族已认赔补损失矣。言已，各上马荷枪径去，其驰如飞。番马皆不甚大，而果腹彭亨，食草无料故也。又缘右山麓南行数里，上坡，危崖崩捭，俯瞰奔流，羊肠一线，劣能客足㊷。路皆青沙，间以碎石，皆下马步行。数里下坡，行一湾中，连过二水，水出西南山，东北流，注于咱〔扎〕曲河。数里复上坡，形势如前，而危险较逊。约十里，下坡，有水自西南来，东北注于咱〔扎〕曲河。水北山麓，有僧寺，屋皆方形，壁用石氎，上涂以垩，远望如洋式房，此为见僧寺之始。隔咱〔扎〕曲河与僧寺相对山半，有寺一所，系番族家庙，所以养孤老者。又缘右山麓南行，三里许，折西，则竹节寺也，有僧数十人迎于道左，遂就寺旁插帐宿。到时十二点，是日共行四十里。粪由番支，水由番女执役者汲取，无草。

竹节寺据北山麓，面南，寺院颇壮阔，周围约三里。中有经堂，高五丈许，深广如之，红墙金顶，包檐壁额。四周有缘，宽五六尺，皆系束木横截，而露其端于外者，棕色，颇雅观。经堂南，有空地，颇平，东北西三面，缭以小屋，参差错落，壁皆白色。余等先至其喇嘛卧室，层楼复室，阁道萦回，千门万户，无导辄迷其室；内皆木壁，绘以五采，窗棂间亦施玻璃。有喇嘛坐床，如几，饰以五色，上铺绣花毯，僧请本斋坐其上。旁有木栏，栏内席地铺花毯，揖余等坐其中。须臾，两僧舁大铜盆置床前，中盛炽粪，以红铜壶盛茶，煨其旁；有木匣一，长方形，中施木格，一区盛青稞炒面，一区盛酥油，置木栏上，唯不置椀。盖番例人各自备一椀，食时则出诸怀中，故待客亦不置椀也。余等乃呼仆从行装中取椀，以茶和酥油炒面食之。番僧导余等至佛龛前，拈香膜拜，龛中列坐金、木、土佛像，大小以百数，龛前杂陈钟鼓、镫炉、幡幢之属，壁旁阁皮经卷极多。番僧导本斋遍拜诸佛，曲折出入，逾时未休，余等不胜其烦，乃潜出游观。复至一佛龛，陈设类前，而楣间并悬弓矢、刀剑之属，有老僧数人，趺坐诵经。出，乃至经堂，有僧徒数十，列坐诵经，梵呗云潮。经皆唐古忒文卷，每页长尺许，宽五寸，以极粗麻纸为之，有印、写二种。有老僧拥高座主讲授，一中年僧在门前亦坐高座，貌颇严，盖主纠仪者，内有四五岁儿童，亦俨然杂坐众中，喃喃学诵。僧皆衣红，有氆氇、毛褐二种。

竹节族百户由竹节寺大喇嘛兼理，前喇嘛官巧格乃去岁圆寂，现由阿卓品戎布代理。阿亦不在寺，问其所往，则云前赴西藏，以前喇嘛圆寂，例应转生，故往谒达赖喇嘛，献布施，且问转生所在。竹节寺东南，有地名聂打喀木多㊸，在咱〔扎〕曲河滨，达鼐收抚西番时，曾驻此地，其东则川边石渠县地，其西则喀耐百长牧地也。竹节寺迤东，沿东模云水，逾咱冷木拉山，东北至义赫曲、热云水上流，为阿迷鹿瓦族牧地。该族本玉树各族之莠民纠合而成，其初有酋长名阿迷，悍甚，与娘磋为世仇，后阿迷为娘磋遣人暗杀，其部民乃渐驯，因以其名为族名。

十一月二十二日，即旧历十月初六日。早七点自竹节寺起程。东南行，过一水；水出竹节寺西南，东北流，注咱〔扎〕曲河，循水西南行，上一大山，四十里可至称多。缘右山麓行，约十里，又过一水；水出西南山，东注咱〔扎〕曲河。数里，又过一水，水出西南山，东注咱〔扎〕曲河。东南行二十余里，连过三小水。均东注咱〔扎〕曲河，河东有喀耐番帐。又东南上一山麓（咱〔扎〕曲河自此东入峡，经喀耐百长牧地，出青海界，入川边石渠县地），下麓，过一小水，又上下一山麓，至喀耐寺宿。寺倚西山麓，寺前有水，自南来，北流与前小水会，折东北流，注于咱〔扎〕曲河。到时十二点，是日共行五十里。粪、水番支，草尚可。喀耐百长名小蒿那木，年四十四岁，其族向归永沙百户管理，现在不遵其约束。牧地名咱云色乃来，译言咱〔扎〕曲河滩。东南以聂达喀木多与川番色莠族[44]武朵鱼为界；东至阿多本达（译言石磊山之意，距喀耐寺一日程），亦与色莠族为界；南至拉米山，与竹节百户所管歇武百长地为界；西与称多拉布寺为界。

十一月二十三日，即旧历十月初七日。早七点自喀耐寺起程。沿水南行十余里，至水脑，向西南登山，山高四八三〇[45]。下山，南行过一水，名毛瓦云，水自南来，折西北流，至竹节寺东南二十里，折东流，入咱〔扎〕曲河。西南行数里，登山，名加浪拉山，乃入咱〔扎〕曲河与通天河之分水岭也，高四九二〇[46]。西南下山，则峻坂陡落，山高水深，乃歇武云可译言歇武沟之水脑也。下山至沟底，泉水随地涌出。左右山势回环，拱抱曲折，循水西南行，路颇崎岖。数里有水自西来入之，数里有水自东来入之，名楼池沟，内有番帐，系娘磋鸠美且加属民。循沟过山，即川边色秀族武朵地。又西南近十里，有水自西来入之，名朵拉沟[47]。循沟西行，过一山，四十里可至拉布寺。又西南行数里，有水自东来入之，山上始有木本植物，内地俗名油点儿，土人谓之边马，虽湿亦燃。数里过一小水，数里至歇武寺。到时午后一点，是日共行二十里。草须购买，粪由番支，水便。

寺负山矗立，壁涂丹青，如蜂房然，下有土木民房，此为见房屋之始。其木料来自邓柯，其建筑皆川人为之。寺东有沟，名野火沟，东至色秀，约一百二十里。歇武百长亦喇嘛兼之，现年八十，不能行动，其甥名云代加错，年二十八岁，现充百长，亦寺僧也。该族向属竹节百户，现脱离关系，属民百余家，寺僧百余人，无他族。歇武地当通衢，亦贸易场也，民房中屯货颇多，来货系茶叶、青稞，出货系羊毛。

歇武牧地，北界喀耐，西南以通天河为界，东界川边色秀族武朵地方。

十一月二十四日，即旧历十月初八日。早八点自歇武寺起程。西南行，过一水，水出西山，东注歇武水。右山麓有一寺。傍水曲折西南行，过一水，约十里，右山麓又有一寺，寺南有水，自西来，东注歇武水。又南数里，右山麓有民庄二，南北相距三四里，两庄之南，各有一水，自西来，东注歇武水。未几，过歇武水，有徒杠，缘左山麓南行，路左右崖上，刻番文大字甚多。连过两水，均出东山，西注歇武水。路旁大石错出，间有荆棘，时拂人衣。路右有水碓一，立轮碓旁，有杨树一株，此行所仅见也。数里，复过歇武水，上一坡，前行即直不达庄[48]也。庄归歇武族管，庄民扶老携幼，迎谒马首，泣诉某某苛索之状，据称所有军械、马匹，被某某抢去，本管百长亦不之理。现连乞丐共六十余户，有干布译言小头目。四人，其困苦颠连之状，深可悯恻。本斋抚慰再四，并赏赉炒面及他物数事，并拍照而行。修武水[49]于庄东南入通天河。沿修武水左右，始有田畴，然皆坡地，碻确已甚，田边均砌石为畔。南行百余步，即到通天河滨，即金沙江之上流也。苍崖夹峙，碧水中流，清可见底，深约一丈。沿岸西行，有番族迎谒道旁。里许至渡口，则冰桥已结，距桥上下各百余步，均流澌未结，适至渡口，则层冰峨峨，盖遮冰所为也。渡口宽约二十二丈，人马过时，如履坦途，顷刻毕渡。渡口南岸有番帐一，乃司渡者，询之，系直布达人。帐房积牛皮货包甚多，询系打箭炉运来之茶，每包三十余斤，本应由大路运至结古，因避川边某处统捐，遂绕道至此。缘南岸山麓西行，崩崖壁立，洪流绕足，目眩魂摇。未几，经一湾，欲宿则无粪无草，复前，缘崖行，下坡行河滩，路左山麓有民庄三，系扎武族管，庄民迎谒道旁。河北山巅有寺一，曰芒勃寺，旁有民庄一，曰芒勃庄依罢，均跌打族[50]管。又西，则南山一支麓迄至河滨，名岗梭山，河滨无路，须截麓而过，峻坂壁立，坡度在四十五以上，皆下马步行，流汗喘息，数步一休；及至山巅，宽不及丈，高二十二丈；路右稍宽处，有寺院废址。旋下坡，路较平，过一水，_{水自西南来，北注通天河}。至瓜拉小洲_{译言瓜拉等六庄聚处之意}，属扎武百户，有百长一名。宿。到时午后二点半，是日共行六十里。自过奢拉山以后，地势渐低，天气渐和，及至通天河滨，更觉温暖。草粪番支。是日骆驼行路既多，而弛装之时，忽峻坂当前，遂疲不能上，因就宿岗梭山东，是夜以番马卸驼所载，牵轻驼过山，达旦过者仅数驼而已。

十一月二十五日，即旧历十月初九日。是日因驼未尽过山，遂决计信宿，拟竭日力以驱驼过山，一驼数人扶之，午后始毕过。

十一月二十六日，即旧历十月初十日。早七点自瓜拉小洲起程。循木西南上山，坡度在四十以上，沙石屼嵲，颇不易登，约十五里，始至山巅，名惹拉山，高出海面四七三〇米达。旋下山，峻坂陡落，坡度在四十五以上，下马步行，鸟道一线，仅能容足，履革缘沙缩缩，几不自禁，屏气侧足，约行十余里，始至沟底。休憩移时，气始平复，乃上马整队，由沟中西南行。未几，扎武各族百户及结古寺僧百余人，均骑马衣红袈裟，迎于道旁，颇整齐，余等答礼毕，勒马前行，该僧等均怒马出我军前径去。未几，出沟，有水亦名扎曲实结古水也。自西南来，会沟水，东北入峡，下流入通天河。折西行，前至一庄，名新塞〔寨〕，庄民拥道旁而观。番酋就庄旁张幕，迎余等至其中，席地而坐，中置一长椑，一头嵌铜盆炽火，一头陈茶杯数事，颇整洁。已扎武四百户进谒，本斋已坐余等之末。时观者四面拥塞，男女杂沓，女子均被发垢面，拥敝裘，长至足。男子则蓬首，衣稍短。茶毕，仍上马行。新塞〔寨〕庄约八十余户。庄西路右，有摩尼堆，石片为之，周围七百二十步，石上皆镌番文六字箴言㊿。番俗，人死则捐银刻摩尼以为功德，出银自一秤至十数秤不等，庄有工头，承包刻石，居民多以镌摩尼为业，每日人得工银半圆至一圆。藏洋一元，值内地银三钱二分。石磊中间，有木屋，屋中列大小转筒，筒以木为之，大者围数抱，中贯以轴，上端属之屋脊，下端属地，数人推之，乃转，亦谓之摩尼；亦有手中可持之摩尼，以铜为之，两旁有耳，执其柄而摇之，老人多执之，云以修死路，且行、且摇、且诵。吉日则男妇老幼，绕行石磊摩尼者甚多。庄西北山坡上亦有民房。西行过两湾，约五里许，过一小水，水出北山，南注扎曲水。至结古。即盖古多。到时午十二点四十分，是日共行四十里。番族预备公寓数所，我军上下分驻焉。草粪、灯烛之类，由附近各族轮流支给，每室并派番女执役，向例供给委员皆如此，本斋以体恤番民，力矫旧弊为宗旨，概发相当之价，番民庆更生焉。扎武有三族：曰扎武，曰惹〔拉〕达，曰布群，各有百户。扎武百户驻结古，惹〔拉〕达、布群驻牧地在结古东南。扎武百户名丹增尖错，年三十岁，兼充结古寺喇嘛，寺僧四百余名，多系扎武人，惹〔拉〕达、布群、迭达族各有数人。寺在结古市东北山巅。结古市据北山之麓，东西约一里，北高南下，宽处不过百步，市民约二百余户。扎曲至结古市南，右会一水。结古四山壁立，如攒镆铘，中间平地无多，南北约二里，东西约六七里。结古无铺面，多就家中贸易，所居皆土屋，甚湫隘。玉树二十五族各有百户，详见《玉树调查记》。而囊谦千户为最大，其驻牧地在结古西南四百六十五里，以鄙远不适中，故向例委员莅盟，皆在结古，以各族千百户赴会，道里均也。余等此次勘界，前后驻结古凡九月，各族除格吉、中坝、娘磋等百户未来外，其余百户，均陆续至结，随时接见，即遣之归，唯囊谦千户，以逾年三月，始来结古，其仪从甚都。界务既葳事，乃召集附近结古之千百户，行会盟仪式于结古忠武桥南，番僧大设斋醮，番民杂陈百戏，颇极一时之盛。罗君凤林均摄影以作纪念，今并附插卷首，以助阅者之兴焉。

自西宁至结古，共一千六百二十里，自兰州至结古，共二千零六十里。

沿途地面高低比较表

地名	高出海面米达	附记
兰州省城	一六〇〇	
新城堡	一六八五	
黑嘴子	一七八〇	
享堂	一九一八	
高庙子	二〇六〇	
张家塞②	二二六〇	

沿途地面高低比较表（续表）

地名	高出海面米达	附记
西宁县	二四二〇	
镇海堡	二六〇〇	
湟源县	二八七〇	
上窝药	三四〇〇	
日月山顶	三七五八	
倒淌河滨	三五〇〇	
瓦尔衮山	三六八〇	
卡卜恰	三二九〇	
窝逊	三一七〇	
贡朵〔尕〕淖尔	三〇八〇	
切吉河口	三四六〇	
切吉河脑	三九〇〇	
分水岭	四一五〇	乃西泥河与呼呼乌苏河之分水岭也
班禅玉池	四〇三〇	
道拉节山	四五五〇	
扎梭拉沟	四三八〇	
扎梭拉山	四八三〇	
羊肠沟	四六四八	
江拉山梁	四八三〇	
钦科车〔奢〕马	四五〇〇	一名乱泉
咱格车有㉝	四五七〇	即石嘴子
马沁雪山	四八五〇	
多高拉力色薄㉞	四七六〇	
马拉有	四七七〇	即四道岭

沿途地面高低比较表（续表）

地名	高出海面米达	附记
黄河南岸	四五二〇	西距鄂陵海二百余里
野马滩	四六〇〇	
野牛沟	四七一〇	
哇云滩	五〇〇〇	哇云滩一名插拉坪
巴颜哈拉山	五二〇〇	
巴颜哈拉山根	五〇五〇	
车〔奢〕云	四九一〇	
诒他	四八八〇	
咱〔扎〕曲河滨	四六〇〇	
竹节寺	四六六〇	
喀耐寺	四六九〇	
加浪拉山	四九二〇	
歇武寺	四二六〇	
通天河渡口	三九二〇	即金沙江上流
岗梭山	四〇六〇	
瓜拉小洲	四〇四〇	
惹拉山	四七三〇	
结古	四〇八〇	即法图之盖古多

校 释

①亭堂系平番李土司属地，李土司为西宁十六家土司之一，住上川口（青海民和县），非平番（即甘肃永登县）所属，此记有误。
②两润堡 应作"雨润堡"。

③按唐陇右节度备御吐蕃，统临洮等十军。屯鄯、廓、河、洮之境，治鄯州（《通鉴》卷二一五）。西宁为唐陇右西平郡之属县鄯城，见《新唐书·地理志》。又临羌新县故城遗迹，在湟中县多巴，然经风雨剥蚀及人为破坏，所余无几。

④东科　为藏文 སྟོང་འཁོར། 之译音，丹噶尔为其异译，丹噶尔厅之名，即由此而得。宗哥城，系藏文 ཙོང་གཁར། 之译音，在今平安县（编按：现平安区），两者并非一字之转。

⑤碾伯县于一九二九年青海建省后，分为乐都、民和两县。龙支城在民和县境。

⑥日月山　即唐之赤岭。藏语称日月山为 ཉི་ཟླ། 意为日月石，日月山之名，源于文成公主日月石镜之故事。当地居民称唐蕃大道所经之山口为红牙壑，与赤岭之意相合。

⑦倒淌河　倒淌河乃汉族人士所命之名，藏族称为柔茂曲（རིག་སྨོན་ཆུ། 或 རིག་མོ་ཆུ།），对其流经地域称为柔茂云，意为柔茂川。对这条河流，《内府舆图》作和尔必拉河，乃系蒙语，意为向西流之河。

⑧和尔必拉　为蒙语译音，《内府舆图》标在倒淌河位置上。《一统志》中则作"和尔河"（卷五四六）。周氏不懂蒙语，此处把"和尔必拉"之"拉"，误为藏语中"山"之译音，故指为"和岳尔托罗海山"。《蒙古游牧记》中巴彦淖尔之水，西北出，屈曲数十里，入和尔必拉之说，似有误。

⑨巴彦戎，今青海化隆县之藏语译音，亦作摆羊戎。

⑩皆南与流卡卜恰河会　应为"皆南流与卡卜恰河会"。卡卜恰，通作恰卜恰。

⑪龙哇　为藏语 རོང་བ། 之译音，"龙"即古羌戎之"戎"。古时对从事游牧生活之西方民族，概称之为羌，即藏语之 འབྲོག་པ།，而对从事农业生活者，则概称之曰戎。参阅顾颉刚《从古籍中探索

我国的西部民族》。周氏此处所记龙哇"从贵德龙阳硖迁来"之论，似有误。

⑫ 贡朵淖尔　为贡尕淖尔之误，"朵"应为"尕"。

⑬ 是山乃西泥河与大河坝之分水岭也　应为"是山乃切吉河与大河坝水之分水岭也"。

⑭ 按周氏此处所记水名，与今有异：（一）周氏所记之大河坝河，藏语称黄清河（亦译黄琼河，藏语为 དང་ཆུང་། ）；（二）周氏所记之恒蔼河（དང་དེ），现通称青根河；（三）周氏所记之杂梭拉水，现通称水塔拉河，杂梭拉水乃其主要支流；（四）青根河与黄清河合流后，汉语始通称大河坝河。

⑮ 周氏此处所述，有失误之处：

一、"赞普"应为"赞婆"。赞普为吐蕃国王的称号，藏文作 བཙན་པོ།，赞婆为吐蕃开国元勋大论禄东赞之第三子，藏文作 བཙན་བོད།。赞婆与赞普虽一字之别，但含意迥异，盖一为吐蕃国王之号，一系吐蕃政府大臣之名，二者不能混淆。良非川战役，发生于唐永隆元年（公元六八〇年），当时吐蕃赞普弩悉弄（都松芒布结），并没有亲自领兵指挥这个战役，是由赞婆及其副手即投降吐蕃的原吐谷浑大臣素和贵指挥的。

赞婆在七世纪七十年代至九十年代的三十多年间，担负吐蕃东部军事重任，与其兄大论钦陵等与唐在青海湖、湟水上游争战多次。唐圣历二年（公元七九九年），吐蕃钦陵事变中，噶尔家族失败，钦陵自杀，赞婆与钦陵之子莽布支率部降唐。参阅《两唐书·吐蕃传》，《资治通鉴》卷二〇六，《册府元龟》卷九六二，外臣部、才智。

二、大非川与良非川应有区别。大非川为唐咸亨元年（公元六七〇年），唐薛仁贵与吐蕃大论钦陵鏖战之处，这是唐蕃间第一次大战，以唐失败而告终。其地在今大河坝草原，藏名称为"汉血滩"(རྒྱ་ཁོག་ཐང་)。

周氏此处述"黑齿常之败吐蕃赞普（应为赞婆）于大非川"，这个"大非川"乃良非川之误。按《新唐书·吐蕃传》《两唐书·黑齿常之传》及《通鉴》卷二〇二等记载，康永隆元年，吐蕃大将赞婆及素和贵率众三万，屯兵于良非川，败唐河西镇抚大使李敬玄于湟川，副使黑齿常之夜袭吐蕃营，获胜，赞婆等退。接着，黑齿常之于第二年（公元六八一年），将兵败赞婆于良非川。从这两次战役看来，良非川在湟水上游，不在大河坝河流域，以良非川作"大非川"，疑误。

又周氏此处把大非川作柴达木河，似误，参阅拙著《日月山与大非川》。

三、河源郡与河源军应有区别，周氏此处把黑齿常之屯田的河源，误作隋之河源郡，认为是今郭密（共和曲沟一带）地方。按，隋河源郡治赤水（在今兴海县）、郭密一带，虽为隋河源郡辖区，但唐之河源，即河源军。不在郭密一带，而在西宁城西。《新唐书·地理志》鄯城条下：

"鄯城。中。仪凤四年置，有土楼山，有河源军，西六十里有临蕃城。"

临蕃城即今通海镇，土楼山今仍屹立在西宁市湟水北，是河源军之在西宁，毫无疑问。又当时黑齿常之任河源军经略大使，娄师德辅佐黑齿常之经营屯田事宜，我们查看《唐书·篝师德传》，则更明确当时屯田区域在日月山以东，不在日月山以西。因日月山以西，当时已为吐蕃占领，唐人无从逾越日月山赴共和郭密一带屯田也。

⑯扎梭拉水　亦作杂梭拉水。按此处之水，今通称水塔拉河，而把源于扎梭山北麓，注入水塔拉河水称作札梭拉水。周氏所称《游牧记》中之依马图河，即水塔拉河之上源。

⑰ 扎梭拉山　即 བྱས་ལ། 。亦译作翔罗拉。

⑱ 羊肠沟水，按周氏此处所称之南水，出于哈布扎哈，北水则源于哈达龙哇，合流后称曲陇水，东南流入曲什安河。巴克戈尔什河系蒙语，今则仅见于古籍中，实际已不使用。羊肠沟水系汉语，为汉族人士所命名，非藏语也。

⑲ "高出海面四八三〇"　应为"高出海面四八三〇米"。现经实测，海拔四五五四米。

⑳ 此处小水，虽皆东南流，但多为潜流，汇为措泥得呵水，注入白力东措湖。希拉哈布河，即哈布扎哈，中隔江路岭等山岗，互不汇合。

㉑ 钦科奢马　即 ཆུ་མགོ་ཁ་ཚོ། 之音译，今又作琼果恰当，皆此滩中不同地点之译名。又此滩东南部过去称醉马滩，以此滩中一些地方有种草，马食之中毒若醉，故名。

㉒ 白尔东海　白尔东海亦译作白力东措湖 (བེ་ལུ་དུང་མཚོ།) ，或作白力豆措湖 (བེའུ་དུག་མཚོ།) 。意为牛犊苦海；有时迳作豆措，意即苦海。蒙语作都勒淖尔 (དུ་རེ་ནོར།) ，都勒泊，亦作都垒淖尔、得仑诺尔、垄列脑儿，皆一音之异译，含有"明镜"之意。

㉓ "色马朵娘阿"　应为"色马朶娘阿"。

㉔ "阿拉克抄尔"　应作"阿拉克沙尔" (见《内府舆图》) ，为 ཨ་ལག་ག། 之音译。阿拉克沙尔山脉，主要蜿蜒于马拉驿之北，黑海之南，《内府舆图》虽在花石峡之北，标有阿拉克沙尔阿林，实则乃其余脉也。

"高出海面四六三〇"　应作"高出海面四六三〇米"。

㉕ 东科海　为 སྟོང་ཁོག་མཚོ། 之异译，意为东川海，系此湖之别名，因花石峡迳一带。藏语称作东科，故以此地区之名作湖名。本名为东给措那克 (སྟོང་གི་མཚོ་ནག) ，意为"东地区的黑海"。通作措那克，意为黑海，古代作乌海；又名东茹措那克 (སྟོང་རུ་མཚོ

ད་ག།），今统称黑海。蒙语称托索湖、沱沱湖、扎逊池，亦称卡拉淖尔，意亦为黑海。

㉖ "咱给奢有" 即造日埂奢有，亦作当科克、当苟那隆，今称花石峡。

㉗ "咱给奢有" 乃玛沁雪山东北支脉中的一座山峰，离玛沁雪山主峰还约有六七十公里。

㉘ 白佛 即察汗（罕、汉）诺们汗之意译。

㉙ 无弋元剑 应为"无弋爰剑"。

㉚ 周氏此论与实际情况不符。按《两唐书》《宋史》及藏史《贤者喜筵》,《敦煌古藏文历史文书》等记载，随吐谷浑王诺曷钵东迁者，仅少部分。其大部分降于吐蕃，逐渐与吐蕃融合，成为蕃人（藏族）。

㉛ 即玛沁雪山 应作"乃玛沁雪山之支脉长石头山口"。
"高出海面四八五〇" 应为"高出海面四八五〇米"。

㉜ 都云 亦译作豆云，《西藏图考》作都克汤，皆一音之转，意为毒滩，阿泽陡同 亦译作阿卜息（齐）豆塘（ཨབ་ཕྱི་དུག་ཐང་།），意为野鼠毒滩。

㉝ 马拉有 亦译作马拉驿，乃译音之歧异，"驿"为译音，不是驿站。蒙名作必流图（兔）。此地为赴两湖大道之分路外，自甘南、洮、岷等处赴藏者经果洛至此，西南行，沿唐蕃大道迳赴两湖之间。在这条道路上，行旅遗迹，仍历历可辨。其西南距鄂凌（陵）湖不远处之梭罗木（མཚོ་སོ་ལོག），为公元一七二四年（雍正二年）三月，清达鼎擒斩罗卜藏同党夹木灿堪布之处（《清实录》卷一七）。藏文《安多政教史》作梭罗木湖或扎陵川，《西宁府新志》作贞力麻川黄河源。

㉞ 宿处高出海面四五二〇 应为"宿处高出海面四五二〇米"。

㉟ 俺哇　即四川阿坝藏族自治州之异译。

㊱ 周氏此处所记，与当前形势不合。按《内府舆图》中"额得凌特得凌淖尔"，与此湖位置相当，其下流为呼兰必拉，意为野驴河。但实际上此处自西至东，并列三个湖，藏语称为阿涌贡玛措、阿涌哇玛措、阿涌尕玛措，后两者与黄河相通。周氏谓"距黄河甚近，而不相通"者，以宁玉大道自阿涌哇玛措之东北部绕行，其与黄河相通之水道，则在其北部，非道程所经，故周氏等不得目睹。野驴河藏语称为江云曲，在此湖之南，流经宁玉大道，东向注入黄河，与此湖并不相通，更不在其下流。

㊲ 此大原藏语称为查云，汉语作查拉坪。

㊳ 杂楚河　下又译作咱曲河，应统称"扎曲河"，以免与澜沧江上流之杂曲河相混淆。

㊴ 插拉　亦译作查拉、奢拉、车拉，皆译音之异。蒙语作巴彦哈拉，今统称巴颜哈拉山。

㊵ 巢陇峒　今译作草陇通。

㊶ 竹有节寺　应为"有竹节寺"。

㊷ 劣能客足　应为"劣能容足"。

㊸ 聂打喀木多　亦译作聂达喀木多、尼达坎多。

㊹ 川番色莠族　即今四川甘孜藏族自治州石渠县之色秀。

㊺ 山高四八三〇　应为"山高四八三〇米"。

㊻ 高四九二〇　应为"高四九二〇米"。

㊼ "朵拉沟"　应为"尕拉沟"。

㊽ 直不达庄　亦译作直布达、直门达。

㊾ 修武水　即歇武水。

㊿ "跌打族"　应为"迭达族"。

㉛ "六字箴言"　应作"六字真言"，即佛教六字明咒。

㉜ 张家塞　即张家寨。

(53) 咱格车有　前译作“咱给奢有”。

(54) 多高拉力色薄　前译作“祷高拉力色薄”。

附录

附录一 番例六十八条

目 录

派定出兵不去	182
敌人犯界不齐集剿杀	182
部落人逃走	183
聚众携械同逃	183
追赶逃人	183
会盟不到	184
越界住牧	184
越界头目罚服	184
奸人妇女	184
谋娶人妻	184
少纳牲畜计数折鞭	185
无力纳罚立誓	185
被窃牲畜	185
头目窝盗	185
出兵被盗马匹	186
挟仇出首人罪	186
隐匿盗贼	186
搜查贼赃	186

移放遗留踪迹	186
偷猪狗等畜	187
偷金银皮张等物	187
踪迹分别远近立誓	187
偷杀牲畜	187
告言人罪	187
私报失牲	187
纵火熏洞	188
擅动兵器	188
斗殴伤人	188
戏误杀人	188
砍杀牲畜	189
失去牲畜，报知邻近头目找寻	189
收取遗失牲畜	189
犯罪私完	189
过往之人，不令歇宿者	190
恶病传染	190
毁谤头目	190
不设十户头目	190
私索乌拉秋素	191
罚服牛马定数	191
出兵越次先回	191
对敌败绩及行军纪律	192
不拿逃人	194
给逃人马匹	194

拿获逃人	194
获逃解送	195
杀死逃人，头目不报	195
头目抢劫杀人	195
偷窃四项牲畜	196
讨贼不与	197
头目庇贼，发觉不认	197
夺回盗窃牲畜	197
获贼交头目看守	197
看守斩犯疏脱	198
抢夺罪犯	198
挟仇放火	198
打伤奴仆	199
冒认马匹	199
出　妻	199
唐古特人不许远处番回贸易	199
拿送逃奴	200
私报失去牲畜	200
重犯不招认	200
家奴弑主	200
解送逃人	201
私进内地	201
偷窃喇嘛牲畜	201
行窃殴死追赶之人	201
番民自相殴杀	201

派定出兵不去

出兵派定，若有千户等不去者，罚犏牛五十条，百户等罚犏牛四十条，管束部落之百长等罚犏牛三十条。凡管束部落之头目等带领全寨部落不去者，以军法治罪。指定前往地方，违限一日不到者，千户等罚犏牛七条，百户等罚犏牛五条，管束部落之百长等罚犏牛三条。违限数日者，计日递加罚牛。

敌人犯界不齐集剿杀

凡敌人侵犯边境，所有寨落凡头目等各将家产、牲畜收回，即带领所属兵丁，速行前往所犯地方齐集。若不齐集者，千户等罚犏牛五十条，百户等罚犏牛四十条，管束部落之百长等罚犏牛三十条。齐集之后，即共同商议，协力剿杀。若千户百户所属之小百长等如不齐集者，可照此例罚服。

部落人逃走

凡本寨部落人等，齐行逃走者，不拘寨落，照出兵例追赶。如不追赶者，千户等罚犏牛五十条，百户等罚犏牛四十条，管束部落之百长等罚犏牛三十条。

聚众携械同逃

凡本寨部落人内，如有二十人以下携带军器逃走者，本寨人等即行追赶，若二十人以上携带军器逃走者，其邻近寨落之头目等酌量逃走人数，即行装束口粮、马匹，无论方向，速行抵剿追赶。如不追赶者，千户等罚犏牛十五条，百户等罚犏牛十条，管束部落之百长等罚犏牛五条。即行据报逃去缘由。如不具报者，千户等罚犏牛七条，百户等罚犏牛五条，百长等罚犏牛三条。

追赶逃人

凡追赶逃人之人，有能将为首逃人杀死者，其所得人口，并家产、牲畜，俱给追赶之人。逃人若将他人马匹拐去逃走者，准给追赶之人一半。如为首逃人纵脱，其所得人口，不给追赶之人，仍给逃人之主。若逃人骑他人马匹逃走者，逃人若有妻子、家产、牲畜，抵算赔偿；逃人如无家产，免赔。如系家奴，有家产者，照数抵赔；无家产者，不向伊主追赔。

会盟不到

凡会盟已经传知，如有推故不到者，千户等罚犏牛十五条，百户等罚犏牛十条，管束部落之百长等罚犏牛五条；如过期不到者，计日罚犏牛。

越界住牧

凡分定地方，有他处千户等移进住牧者，罚犏牛七条，百户等罚犏牛五条，管束部落之百长等罚犏牛三条；系平人户，各罚牛一条。

越界头目罚服

凡越过分定疆界，另处追〔游〕牧者，千户等罚犏牛五十条，百户等罚犏牛四十条，管束部落之百长等罚犏牛三十条，小百长等罚犏牛十条；如系平人，有人知觉，即将其人并家产、牲畜，全给所见之人。

奸人妇女

平人奸淫平人之妻者，即将其妻罚服（并）取五九牲畜；奸妇交与本夫处死；如不处死者，将罚服牲畜，给与该管头目；若调戏他人妻者，罚服三九牲畜。

谋娶人妻

平人将平人所定之妇谋娶者，主婚与谋娶之人，如系头目等，各罚三九；如系平人，各罚一九；其妇离异，仍归前夫。

少纳牲畜计数折鞭

凡罚服牲畜，若系无力之人，少纳一头者鞭二十五，少纳两头者鞭五十，少纳三头者鞭七十五，少纳四头者鞭一百罪止。

无力纳罚立誓

凡称无力完纳罚服牲畜者，令小头目于该部落内，选有颜面之人立誓，具保无力。立誓之后，若被查出者，将查出牲畜罚服外，向立誓之人，罚一九牲畜。

被窃牲畜

被窃牲畜，失主认着，若指称有他人所给者，即令其人对质；如其人不行承认，仍令本人立誓；若立誓，失主只将牲畜收回，免其罚服。

头目窝盗

千户等隐匿盗贼，罚五九；百户等行窃，罚五〔四〕九，隐匿盗贼罚四九；管束部落之百长等行窃罚三九，隐匿盗贼罚二九牲畜。若隐匿盗贼及行窃之处，不行承认者，令其伯、叔立誓；如无伯、叔，令其伯、叔之子立誓。若头目等本身行窃，革退等级，撤出所管之人，免其抄没其家产、牲畜。

出兵被盗马匹

若被贼偷去马匹，于出兵打围之处认着，其人所得果有别故，另抵马一匹，原马牧回。

挟仇出首人罪

凡出首人罪，若系挟仇出首，取人牲畜者，千户等罚二九，百户罚一九，管束部落之百长等，罚牲畜五件；将挟仇所取之牲畜，给还原主，其挟仇之人，听其发落。

隐匿盗贼

若将贼盗通同隐匿，不行举报者，千户等罚三九，百户等罚二九，管束部落之百长等罚一九。

搜查贼赃

凡搜查被窃物件，带领认见搜查，如不容搜查，即坐贼罪。

移放遗留踪迹

凡移牧旧地方，于移牧之日有踪迹者，令其立誓。

偷猪狗等畜

凡偷猪狗者，罚牲畜五件；盗鸡、鸭、鹅者，罚三岁牛，并还所窃之物。

偷金银皮张等物

凡盗窃金、银、貂鼠、水獭皮张等，并财帛布匹，及吃食粮米等物者，俱照数赔还。如所偷之物值二岁牛者，罚二九；值羊价者，罚一九；不足半价者，罚三岁牛。

踪迹分别远近立誓

凡踪迹若离人住处一箭以内者，令其立誓；一箭以外者，不令人立誓。

偷杀牲畜

若将牲畜偷杀遗去，有人将肉取回者，令其照原物赔偿。若在踪迹以内者，择其小头目立誓；若不立誓，坐以犯踪迹之罪。

告言人罪

凡告言人罪，将罚服牲畜，给与出首之人一半。

私报失牲

凡暗自私行报言，其牲畜若从他人处得者，将私行报言之人罚三九；所罚牲畜给与立誓之头目，并被牵连之人，各分一半。

纵火熏洞

纵火熏洞，有人见者，其人即罚一九牲畜。若延烧致死牲畜，照数赔偿；致死人命，罪三九牲畜。若系无心失火，以致延烧所见之人，罚失火之人牲畜五件；烧死牲畜，照数赔偿；烧死人命，罪一九牲畜。

擅动兵器

千户等擅动兵器者，罚二九，百户等罚一九，管束部落之百长等罚牲畜七件，小百长等罚牲畜五件，小头目以及平人罚牲畜三件。

斗殴伤人

凡斗殴打架，伤人眼目、手足者罚三九，伤轻平复者罚一九，若孕妇堕胎者，罚一九；若用鞭棍、拳头打人者，罚牲畜五件，互相斗殴者，免罚；若折人牙齿罚一九，拔去缨发者，罚牲畜五件。

戏误杀人

凡人因戏以致误伤人死者，罚三九牲畜给与死者之家。

砍杀牲畜

凡砍杀牲畜者，除赔偿外，罚一九；误射马匹死者，照数加赔，未死者罚二岁牛。

失去牲畜，报知邻近头目找寻

凡失去牲畜，三日后报知邻近头目找寻，一匹牲畜谢羊一只。若将所收之牲畜乘骑者，罚牲畜五件；冒称自己者罚三九；错认者罚一九。若无主承认，准其收养，隐匿者罚三九。

收取遗失牲畜

凡遗失牲畜，过往之人，不得收取。如有收取者，依窃盗问拟，如羊于所见之日收取者，过一夜，二十只以下，罚羊一只，如多，计二十只，递加罚一只。

犯罪私完

凡犯罪发觉，二犯不得私议。如私议完结者，千户等罚三九，百户等罚二九，管束部落之百长等罚一九，小百长等罚牲畜七件，小头目等及平人罚牲畜五件。其该部落头目，将人带至犯罪部落头目处所议办，如迟至二日不给人者，向其头目，按日罚三岁牛。如事未结之先，不得骑取乌拉秣素，事完断结之时，骑取罪番乌拉，按站食用秣素。其所取头目之人役，虽有九九，不得与盗犯之数之外多取。

给纳认罪牛一条。其认罪头目之人役，所纳虽有九数，止准取罚服牲畜内三岁牛一条。事结迟至十日不给者，该罪犯部落之千户等，罚犏牛七条，百户等罚犏牛五条，管束部落之百长等，罚犏牛三条。如将所罚牲畜夺回，加倍追罚；如不完结，即行具报。

过往之人，不令歇宿者

凡过往之人，如有不令歇宿，以致冻死者，抵赔外罚一九，未死者罚二岁牛；留宿被窃财富者，着落房主赔偿。

恶病传染

凡患恶病之人，在人家住歇，其病人卖物以致传染他人身死者，罚三九；病愈者罚一九；未传染者罚牲畜一件。

毁谤头目

凡平人公然毁谤千户者，罚二九；毁谤百户者罚一九；毁谤管束部落之百长者，罚牲畜七件。如背后毁谤者，质讯是实，亦照此例问拟。詈骂小百长者，罚牲畜五件；詈骂小头目者，罚牲畜三件。

不设十户头目

每十户设立头目一名。如不设立者，千户等罚犏牛七条，百户等罚犏牛五条，管束部落之百长等罚犏牛三条。

私索乌拉秫素

凡有信票之额尔沁，准骑乌拉，按站食取秫素。如有不给秫素者，罚牛；不给乌拉者罚二九；若将马匹藏匿者，罚一九。如有无信票之额尔沁，索取乌拉秫素者，准其捆拿，解送西宁。为首头目等，因公差遣之人，或被头目等殴打者，罚三九；平人殴打者，罚一九。

罚服牛马定数

凡罚服一九之数：马二匹，犏牛二条，乳牛二条，三岁牛二条，二岁牛一条。五件之数：犏牛一条，乳牛一条，三岁牛一条，二岁牛二条。至追取罚服之人向犯人取三岁牛一条等语，查番地产马甚少，如罚服内应取马匹者，准改给犏牛。

出兵越次先回

凡出兵打围及会兵等处，若不守候挨次撤回，自行先回者，千户等罚犏牛七条，百户等罚犏牛五条，管束部落之百长等罚犏牛三条，其跟回同伴之人，每名各罚所骑牲口。

对敌败绩及行军纪律

凡千户、百户、百长等对敌败绩者，将所管之人俱行撤出；如系平人，斩决，并将家产、牲畜、妻子抄没。或头目，或平人，有能奋勇争先破敌者赏。凡头目对敌，或别部落之人败绩，或有一部落头目等能打仗救援者，将败绩之头目等所管部落内，撤出五十户人，赏给打仗之人。若别部落之头目等打仗，或一部落头目等败回者，将败回之千户、百户、百长等革去职衔为平人，将所管之人全行撤出，给于（与）打仗头目等充赏。至一部落人等，或一半打仗，或一半败绩者，将败绩之千户、百户、百长等革去职衔为平人，将所管之人户全行撤出，给于（与）该部落打仗主人。如部落内一半战败，一半不能前进者免罪，将败绩之头目等革去等级为平人，所管之人全行撤出，给于（与）部落内无罪之头目并打仗之头目等充赏。若各部落整顿未备，一部落之头目已备打仗者，视其功之大小轻重加赏。凡于旷野之处打仗与对敌进战之处，千户、百户、百长、小头目等，不按队伍，混行乱进；或见敌人稀少，不探虚实，混行驰逐者，罚取所骑马匹，此次所掳之物，不准分给。凡于排阵对敌之时，整齐队伍，各按队伍，缓行趋进，其进之时，不随本哨而躲避他哨之后，或离本队伍而入他队伍，以及他人进战而立视者，或斩，或抄家，或责，或革职衔，或罚服之处，量其所犯，分别治罪。若队伍已齐进战之时，或有奋先退后之处，有言某队落后，某队奋先者，不准查究。或敌败走应行追赶者，仍拣选强壮兵马追赶。其追赶之时，管束部落之千户、百户、百长等，不得前往追赶，带领旗纛列伍寻踪；或追赶之人，陷入伏兵，或散行追赶，遇接应之兵，该千户、百户、百长等，即行剿杀。凡兵马起身，各按队伍行走，或有一二人去取遗物，前后乱行，并见有醉人，即行责处。毋得遗忘条约，当凛遵行走！毋得喧嚷喊叫！若喧嚷喊叫，该管头目等，加意晓谕各属下队伍，倘见有喧嚷喊叫者，即行责处。若离本队纛帜行走者，即拿一二人，送至该管束部落之千百户、百长等头目等处治罪；拿送之人，赏犏牛一条。凡失火者斩。偷他人鞍、辔、笼头、绊鞁者，坐以盗贼罪，鞭责。凡夜行不许喧嚷及掌号，违者治罪。行兵如有一二人潜行抢掳被杀者，将其妻子充为虏俘，该管之头目治罪。凡有寺庙，不准折毁。不许杀害行路之人，逆者诛之，顺者养之；不许剥取所得之人之衣裳，拆离夫妻，虽所得之人，不可使用者，亦不得剥取衣裳，不得伤害。凡头目及平人，不得令所掳之人，看守马匹，若令看守马匹，被其拐马逃走者治罪。凡各处领兵头目，务须安定地方，抚绥番民，严束所属之小头目并兵丁，不可抢夺胡行，不可骚扰良善番民，若能安定地方，抚绥番民者，当奏闻奖赏。倘头目违例，不行约束，任其所属兵丁，抢夺胡行，不分良莠，妄称贼盗者；

希图获利，混行杀害者，从重治罪。凡对敌交战之时，有仆倒之人，能扶上马救出者，其扶救之人，若系千户等，给犏牛十条；百户等，给犏牛八条；管束部落之百长等，给犏牛五条；小头目及平人，给犏牛两条。所给犏牛，均令仆倒之人出给。

不拿逃人

凡见逃人不行追拿，任其逃去者，千户等罚人七户，百户等罚人五户，管束部落之百长等罚人三户，小百长等罚四九，小头目及平人罚三九。若追拿逃人，格斗致死者，如有所掳之人，给死者之家一名，加罚三九牲畜，若无所掳之人，向该管逃人之为首头目名下，追取三九牲畜赏给。

给逃人马匹

凡部落不分管束不管束之头目等知其逃走外番而给马匹骑往者，革去等级，将所属部落撤出；若小百长及小头目等级，家产、牲畜抄没；如系平人，斩，仍将家产、牲畜抄没。

拿获逃人

凡有拿获寨中行走之逃人，逃人之主给与拿获之人二岁牛一条，将逃人鞭一百；若容隐逃人者，罚一九牲畜，给与逃人之主；其容隐逃人之十家长，罚一九牲畜，给与逃人之十家长。

获逃解送

凡无论何处逃人，不拘何处头目捉获者，将为首之逃人限二日内，速行解送西宁。如违二日之限者，千户等罚犏牛七条，百户等罚犏牛五条，管束部落之百长等罚犏牛三条。

杀死逃人，头目不报

凡将外地逃来之人杀死，而该管千户等隐匿不报者罚人七户，百户等罚人五户，管束部落之百长等罚人三户。若旁人首告者，千户等罚犏牛七条，百户等罚犏牛五条，给与首告之人，并听往所愿之寨落居住。如不承认者，令其伯叔立誓。若小头目及平人将逃来之人截杀者，为首者斩，仍罚三九牲畜；为从者各罚三九牲畜，给于（与）指示之头目；如无指示头目，一半入官，一半赏给首告之人。若头目等将逃来之人截杀者，为首者绞，为从者革去等级，各罚三九牲畜。

头目抢劫杀人

凡管束部落之头目等，抢劫物件杀人者，令其抵赔外，千户等罚犏牛五十条，百户等罚犏牛四十条，管束部落之百长等罚犏牛三十条。若用军器或木棍将人殴伤者，给一半身价，二九牲畜，千户等罚犏牛五十条，百户等罚犏牛四十条，百长等罚犏牛三十条。若行抢劫而未伤人者，千户等罚犏牛五十条，百户等罚犏牛四十条，百长等罚犏牛三十条给事主收领。若小头目、或平人、或一二人，纠众抢劫物件杀人者，不分首从皆斩，将妻子、家产、牲畜抄没，给于（与）事主之家。若小头目及平人、或一二人，纠众盗劫牲畜物件，或事主或旁人知觉追赶，贼盗将人杀伤者，不分首从皆斩，将妻子、财产、牲畜抄没，给与事主之家。若小头目及平人，纠众抢劫物件而未伤人者，其造意及为首二人绞，将妻子、财产抄没；为从之人，各鞭一百，罚三九牲畜，给于（与）事主之家；或小头目或平人，若一人，鞭一百，除妻子外，将家产牲畜抄没，给于（与）事主之家；若二、三人，将为首一人绞，将家产、妻子、牲畜抄没；为从者各鞭一百，罚二九牲畜，给于（与）事主之家。

偷窃四项牲畜

凡偷窃他人马匹、骆驼、牛、羊，若一人盗此四项者，不分主仆绞；二人盗窃，将一人斩；三人盗窃，将二人斩；纠众盗窃，将为首二人斩，为从者各鞭一百，罚二九牲畜。其行窃之人，或被事主拘执，或被旁人拿获，将贼人正法，妻子、家产、牲畜抄没，给于（与）失主。如情有可疑者，令其立誓，若立誓，照前例免罪完结；若不立誓，仍将贼人照例正法，妻子免给为奴，将所有牲畜，并向伊主名下追取一九牲畜，给于（与）失主。若各该主自行将贼献出者，仍将贼正法，其妻子免其抄没为奴，止将所有牲畜给失主。

讨贼不与

凡拿获发觉贼犯，讨取不与，以致逃脱者，千户等罚五九，百户等罚四九，管束部落之百长罚三九。

头目庇贼，发觉不认

凡为首头目，有徇庇贼盗，已经立誓后，其本犯贼赃发觉，而头目等不认徇庇贼盗者，令该头目之伯、叔立誓；如不立誓，千户等罚五九，百户等罚四九，管束部落之百长等罚三九，小百长等罚二九，十家长罚一九。

夺回盗窃牲畜

凡贼盗窃去牲畜，被旁人夺回者，一匹取谢；若二匹以上，十匹以下者，准取一匹；若多，每十匹递加一匹。失主不认被窃不给者，令小头目立誓；若立誓免其取谢，如不立誓准取谢仪。如所获并非盗窃，而捏称之处发觉者，其捏称之人，坐以贼罪。

获贼交头目看守

凡捉获盗贼，即交于贼犯之该管部落之头目看守。若十家长行窃，将十家长罚犏牛一条；如十家长将贼出首，照出首例赏十家长牲畜，罚服之处，将十家长罚犏牛一条（注★）。

看守斩犯疏脱

凡看守斩犯，罪人疏脱者，将疏脱之小百长等罚三九牲畜，小头目等罚二九牲畜，革退等级；系平人鞭八十。若疏脱看守非死罪之人，疏脱之百长等罚二九牲畜，小头目等罚一九牲畜，系平人鞭六十。所逃之罪犯，若被他人拿获者，将所罚头目之牲畜，赏给拿获之人；未获，将所罚牲畜给于（与）部落之为首头目。

抢夺罪犯

凡有将斩罪贼犯数人抢夺者，各罚一九牲畜；已夺去者，将为首抢夺之人斩。若抢夺不致死罪之贼犯，夺去者，将为首抢夺之人罚三九，其余各罚一九。

挟仇放火

凡头目及平人有挟仇陷害，放火烧死人者，放火之头目绞，除妻子外，将家产、牲畜抄没，给于（与）事主；若系平人斩，除妻子外，将家产、牲畜抄没，给与事主；若烧死牲畜者，将放火之头目革退等级，除妻子外，将家产、牲畜抄没，给与事主；若系平人，鞭一百，除妻子外，将家产、牲畜抄没，给与事主。

打伤奴仆

凡人将奴仆用箭射、刀砍,及割去耳鼻者,若千户等罚四九,百户等罚三九,管束部落之百长等罚二九,小百长等罚一九,小头目及平人罚牲畜七件;若致死者,照故杀仇杀例治罪。

冒认马匹

凡将行人所骑马匹,冒认自己失落牲畜收回者,罚牲畜五件,给与马主收领。

出　妻

凡出妻者,其妻陪嫁物件,全行给回;除夫妻和睦时花费物件不偿外,现在所有物件,悉行还给。

唐古特人不许远处番回贸易

凡唐古特人等,不许私自与远处蒙古、番子、回子人等贸易,若〔或〕使人贸易,及探望亲属,或出卡伦,邀接货物贸易。如有明知违例,该管头目故纵者,查系从何部落发觉,即将该管部落之千户等罚犏牛五十条,百户等罚犏牛四十条,管束部落之百长等罚犏牛三十条;小百长等革去等级,罚三九;十家长各鞭一百,罚一九牲畜之价。将为首贸易之人绞,抄没家产;为从者各鞭一百,并罚三九牲畜；其财货俱行入官。若出卡伦贸易，或私探亲属，看守卡伦之人不行拿获，被旁人首告者，将卡伦之头目革去等级，财产抄没；放卡之人各鞭一百，罚服三九牲畜，入官比罪。如有首告之人，将罚服牲畜赏给一半，仍听出首之人自行择其愿往之处居住。

拿送逃奴

凡家奴逃往他人边界，有能拿获送回者，将逃奴所带之物，一半给予拿获之人，一半给予逃奴之主，将逃人鞭一百。

私报失去牲畜

凡丢失牲畜，有暗自私行报信者，原有牲畜即从所指之人处得者，坐以贼罪。

重犯不招认

凡有斩犯、重犯之人，坚不承认，并无认见，情有可疑者，令其立誓。

家奴弑主

凡家奴弑主人者，凌迟处死。

解送逃人

凡将他处逃来之人解送者，赏给缎一匹、毛青布六匹。

私进内地

凡千户、百户、百长、小头目等及平人，若进内地不禀明该管之处，私卖军器出口，被关隘查出者，千户等罚三九，百户等罚二九，管束部落之百长等罚一九，小百长等罚牲畜七件，小头目等罚牲畜五件；若系平人鞭八十，将所带军器俱行入官。

偷窃喇嘛牲畜

凡偷窃喇嘛牲畜者，将贼人之家产、牲畜入官。

行窃殴死追赶之人

凡番民行窃，殴死追赶之人，追九九罚服。

番民自相殴杀

凡番民殴死番民，追九九罚服。

注

★ 本条似有脱文，意不甚解。按《雅州府志》卷十三第十二页《夷律》篇中原文如下：

"一、拿获贼人交该地方头人查问，或在十户内有偷盗他人东西者，罚该管头人牛一头；或十户内被他人偷窃者，窃贼人牛一头，给该头人收领。"

附录二 查勘玉树界务报告

◎周务学

窃务学于民国三年九月二十七日，接奉饬委，内开："照得玉树番族，向归本省管辖，嗣因川督电请归川，致两省争执年余，迄未解决，迭奉中央电令派员会勘。事关边务重要，未便视为缓图。"（中略）务学遵于十月八日，偕同随员第四中学校校长周希武、肃州征收局长梁耀宗、边关道尹公署科员王致中及测绘员牛载坤等，由兰垣起程，抵西宁后，留驻旬余，办理行装。十月二十六日，由宁首途，取道海南，遄征弥月，于十一月二十六日，始抵结古。所有首途时及沿路情形，当经先后呈明在案。务学在途时详阅此卷宗，隆庆玉树，是一是二？有无牵混？尚属疑义。务学既以查勘为名，必先调查明确，而后能否划分之问题可决；划分之问题既决，而后彼此始有会商之地。到结古后（中略）。

　　查民国二年十月十五日，参陆两部咸电；"奉大总统令，内开：'该经略前请以隆庆二十五族暂隶川边，有无该玉树土司所属部族在内？'并即查覆，以免牵混！"三年二月十四日，内务部长元电，内开："此次军队冲突，既系因争占隆庆而起，应请贵长官查明川边所划隆庆地方，有无玉树在内？应商明川边镇守使，将前清管辖界址，电覆中央核定。"各等因。查青海迤南，接近川藏，向隶西宁。现在著名之土司，共计二十五族：曰巴彦囊谦族；曰扎武族，曰拉达族，曰布庆族，以上三族，旧志通称为扎武上、中、下三族；曰拉休族，即旧志阿拉克硕；曰格吉麦吗族，曰格吉班吗族，曰格吉得吗族，即旧志格尔吉上、中、下三族；曰中坝麦吗族，曰中坝班吗族，曰中坝得吗族，中坝即旧志隆坝，原有二族，后增一族；曰玉树戎摸族，曰玉树将赛族，曰玉树总举族，曰玉树鸦拉族，即玉树四土司也；曰娘磋族，即旧志尼牙木错；曰安冲族，即旧志安图；曰固察族；曰移多族；曰迭达族，即旧志隆布；曰蒙古尔津族；曰竹节族，系蒙古尔津族所分出；曰永夏族，即旧志雍熙叶尔；曰苏尔莽族；曰苏鲁克族。族各有百户一名，而巴彦囊谦千户实为各族之长。囊谦又称昂千，又称南称，又称隆庆，皆一音之转，川边所以谓为隆庆二十五族也。

西宁旧志称该族为玉树等贡马番族；那彦成《平番奏议》犹云玉树等番子；同治兵燹以后，西宁案卷直称为玉树二十五族。玉树本二十五族中细部之名，沿袭既久，辞无差别，遂致以专名为公名，正犹陇省属部本有甘州、肃州，而又以甘肃为全省之总名也。川边以隆庆名二十五族，正犹以兰州名甘肃也，其实只是一地，并非隆庆二十五族以外，又有玉树二十五族也。此隆庆、玉树称名互歧之大概情形也。

又民国二年十月二十二日，国务院养电："奉大总统令，内开：'该督等前电称玉树本三十九族，何以现止二十五族？'并应确查具覆！"民国三年二月十三日，国务院元电："奉大总统令，内开：'玉树等本四十族，何现在止二十五族？'该处境域为该长官等职任所在，亦宜确切查覆！"各等因。查自前清雍正十年收抚该族以后，至道光三年，几及百年，而《平番奏议》犹云玉树等三十九族；自道光三年至今，亦不过数十年耳，而族数锐减若此，殊足诧异！务学因详考《卫藏通志》《西宁府志》及胡文忠前《清统一舆图》所载四十族之名，而证以现在族数，方知其减少原因有四：有旧日分立，后来自相合并者。如巴彦南称、桑巴尔、隆东、卓达尔等土司，《藏志》称为南称四族，今则合为巴彦囊谦一族；安图、阿萨克、列玉、阿永、叶尔吉、拉尔济、典巴等土司，《藏志》《西宁府志》均称为多伦尼托克七族，今则合为安冲一族；阿拉克硕原称上、下二族，今但称拉休族；隆布原称上、下二族，今但称迭达族是也。有旧自为族，后来附属于人者。如洞巴之附于囊谦，吹灵多尔之附于拉休，哈尔受、班石二族之附于扎武，噶尔布、白利二族之附于玉树是也。有因遭值变乱，徙处内地者。如阿里克一族，其插帐原在黄河北岸可可乌苏地方，与察汉诺门罕旗同司黄河渡口。后因道光时，河南番族骚动，逐徙处西宁大通河北岸，自是遂由西宁直接管理是也。有因特别情形，免其贡马，遂不列数者。如喇嘛觉巴拉、拉布库克二族，一司会盟递文之差，一司木鲁乌苏济渡，自收抚之初，已免贡赋，而《西宁府志》贡马番族，遂不以列数。今日囊谦北边之觉拉寺，通天河北之拉布寺，即其裔也。坐此四因，遂致今昔族数，参差不符，其实各族中所含之细部数之，除阿里克一族不计外，仍符三十九族之数。其合并之由，则因内地委员到番，各族例须轮支草粪之类，独力难支，众擎易举，遂相合并，冀轻负担。如今日扎武三族，屡上呈西宁，请照一族当差，即其证也。其附属人者，均系原有百长，户口单微，亦为减轻贡赋起见，遂不惜役属于强族，正犹古代诸侯附属之例，故其名不通于中朝也。然亦有旧为一族，后来分为数部者。如玉树原系一族，后分为戎摸、将赛、总举、鸦拉四部；隆坝从前止有上、下二族，后分为中坝上、中、下三族；蒙古尔津原止一族，后又分出竹节族是也。其故由于宗支渐强，百户力不能制，遂听其各自为部。当其分立之始，亦必请命西宁长官，发给凭照，特其事多在同治兵燹以前，今日遂不可考。晚清政弛，各族中之狡悍者，往往自为一部，僭称百户，而不请命于西宁。如蒙古尔津族之白力登马百户，格吉得马族之那错百户，玉树戎摸族之甘拨汪加百户是也。然以其非出官授也，各族皆轻视之，而数二十五族者，亦不齿及焉。此四十族所以现称二十五族之详细情形也。

又查内务部《拟划全国区域说明书》，其西宁特别区域即列入阿里克等四十族姓土司，而西康特别区域说明条下，复云："新拨隆庆、结古各土司地方，亦应查照旧案划入，以完形势。"似四十族外，别有隆庆结古也者！此则由于彼此名称之互歧，今昔族数之参差，致有此误。其实隆庆即二十五族中之囊谦，结古即扎武族之驻牧地也。向例，每三年则由青海长官委员前往结古，召集二十五族，会盟一次，籍清积案，兼催马贡。沿袭日久，既以玉树名二十五族，复将二十五族会盟之地，概目为玉树，而戎摸等四土司，均呼为由受，反不知其为玉树。是以中央玉树归甘，隆庆归川之电令虽一再申明，而宁兵沿习惯之名称，指结古为玉树，谓川兵为侵越；川兵执中央之命令，谓结古属隆庆，以宁兵为争占。彼此各有所执，而一栖不容两雄，此所以因名称之互歧而致误会，因误会而起冲突之实在情形也。

务学窃维划疆分土，应视行政之便利以为标准，岂容有丝毫省见存乎其间？今日水落石出，群疑冰消，自应遵照中央前后电令，各按川宁所近，从新划分，将附近西宁之玉树归宁管理，附近川边之隆庆由川保护，各专责成，同固国防，夫复何言。唯是务学到玉以来，体察情形，觉从新划分，实有窒碍难行者四：

一曰各族关系，不能骤离也。二十余族共戴囊谦千户为酋长，数百年于兹矣，其长属之关系，久成固结不解之势。今将囊谦划归川管，其隶属囊谦之各族，是否一律归川？如各族一律归川，则玉树亦在各族之内，似可概归川管，无（毋）庸独隶西宁！如各族不必归川，则囊谦一去，群龙无首，形若散沙，各百户势均力敌，难保不两不相下，滋生事端！将由各族中另选置一千户乎？则旧例必属民实有千户以上，方许设置千户，囊谦属户，且在二千以上，今环视各族，无一能设千户者；若另委汉员充当，譬如以无根之木，植之流水之上，覆没而已；而囊谦千户，亦必以骤失所属，顿生觖望之心。此其窒碍难行者一也。

一曰玉树一部，不能独立也。若将囊谦所属，概归川管，玉树四族，独立西宁，无论其长属关系，骤难断绝如上所言也，即令就我范围，而玉树四族，鄙处金沙江上源，荒寒不毛，冬夏迁徙无定，其生活所需，多仰给于结古、称多一带。缘结古一带，地势较低，物产较多，将来经略青海南路，不能不以是地为基础，基础既立，然后可以渐从事於瘠薄之地。今若将精华所在，尽割与川，非徒菀枯悬绝，亦恐拓殖无基！且其余各族既归川管，则玉树隔绝西陲，控制既嫌弯远，假道又多不便。此其窒碍难行者二也。

一曰地形便否，尤宜熟审也。川边所藉口者，隆庆距西宁甚远耳。夫隆庆比较各族，距宁似远，而不知其余各族，散处海南，地面辽阔，如娘磋土司之界，且逾巴颜而奄有河源，其距川边，较西宁之距隆庆之尤远。若概归川边，则西康区域之幅员，伸出西北，正如甘肃之有河西四郡焉，不独控制不及，设有不测，藏夷以一旅之师，自昌都绕出色秀，横断大道，则隆庆各族，孤悬一隅，消息中绝。川边既不能兼顾，而西宁复以非其所管，不能急援，则二十五族，适足为西藏之资。若仍旧隶宁，即有缓急，而自宁进兵，形势不虞中梗，且可牵制西藏，以壮川边之声援。现在川兵与藏夷相恃，其师已老，将来保护海南，终资甘军之力，此地仍旧属宁，亦可为甘肃进兵之东道。若划归川管，将来如用甘兵，非徒客军远征，诸多不便，且恐畛域难忘，转生膜视。此其窒碍难行者三也。

一曰番情向背，不可强违也。务学到结古后，查得民国二年二月，川边尹经略使北路征藏之兵，经过隆庆，强索供给，该族以均属官兵，勉行支应，而尹经略使递电中央，谓隆庆二十五族报效投诚，愿归川管。务学窃思，隆庆非同化外，何言投诚？供億出于诛求，何言报效？川军所过，止隆庆南鄙，当时支差者，出于千户一人权宜之计，并非二十五族之同意也。且该族果愿归川，何以隆庆之使，屡至西宁，恳请照旧耶？且既为保护隆庆，则当驻兵隆庆西南而止，何以猞糠及米，北至距隆庆九站之结古？又东北至距隆庆十五站之脩马耶？谓藏夷窥伺耶，则去之尚远；谓行军必由耶，则南辕北辙；然则其所谓保护者可知已。务学过巴颜山后，沿途所见番目，莫不泣诉川军苛索之状；及抵结古后，接见各族百户，复痛述供億不堪之状；务学详加考查，均确凿有据。务学窃思，前清时代，西宁对于该族，会盟来员，供支不过草粪之类，马贡折银，岁出不过六百余金，虽颇近放任，而番人乐其宽简，为日已久。今川军骤加该族以极重之负担，日用所需，概责番支，供给稍迟，鞭箠立至。且兵弁之骚扰有限，而无业游惰假兵弁之名，鱼肉番民者，到处皆是。今番人极恨川军，已成水火之势。近来迭据各百户密呈，誓死不愿归川，且扬言归甘不收，即行投藏。似此情形，揆之大总统叠次电令俯顺番情，巩固边圉之意，似未便过违其意。今番不从川，而川必欲强为管理，且恐激成意外之变，转重国家以西顾之忧。此其窒碍难行者四也。

夫同属民国版图，如果中无窒碍，亦何必断断于致陇蜀之分。但务学细审番情，详维事势，觉划分之困难，实有不如仍旧之便利者。矧当此国基甫定，与民休息之时，与其变乱陈规，致滋牵扰；毋宁维持现状，暂事羁縻。务学至愚，窃谓隆庆二十五族，不如姑仍旧贯，归西宁管理。俟将来国威远扬，藏夷内附，彼时再酌量情形，从新划分；纵极困难，尚无他变，目前划分，诚未见其利也！可否请求大帅据情转呈大总统，俯将隆庆等二十五族，饬照前清旧例，仍归西宁管理；并严饬川督及川边镇守使，迅将驻扎结古、称多等处川兵，全数撤退，不准再有一骑阑入番地；一面颁发布告，宣示德意，以安番族，以固边圉之处，统乞钧裁！如蒙转呈，倘邀中央俞允，所有川兵退后，目下保护之法，务学拟由随带员弁中，酌留妥人，暂驻结古，随时稽查川边阑入之匪。獭鹯既去，鱼爵自可相安。至后此如何经营、布置之法，须俟西宁特别区域实行后，方能与青海各处等盘筹划，一致进行，容务学回省后，详细面呈。除二十五族详明图，俟测绘事竣，即行上呈外，所有此次奉饬查勘隆庆、玉树实在情形，及划分窒碍之处，理合具文，并附二十五族一览表，详请鉴核施行，不胜激切待命之至！